りえさんへ

フカザワナオコ

2012.12.1

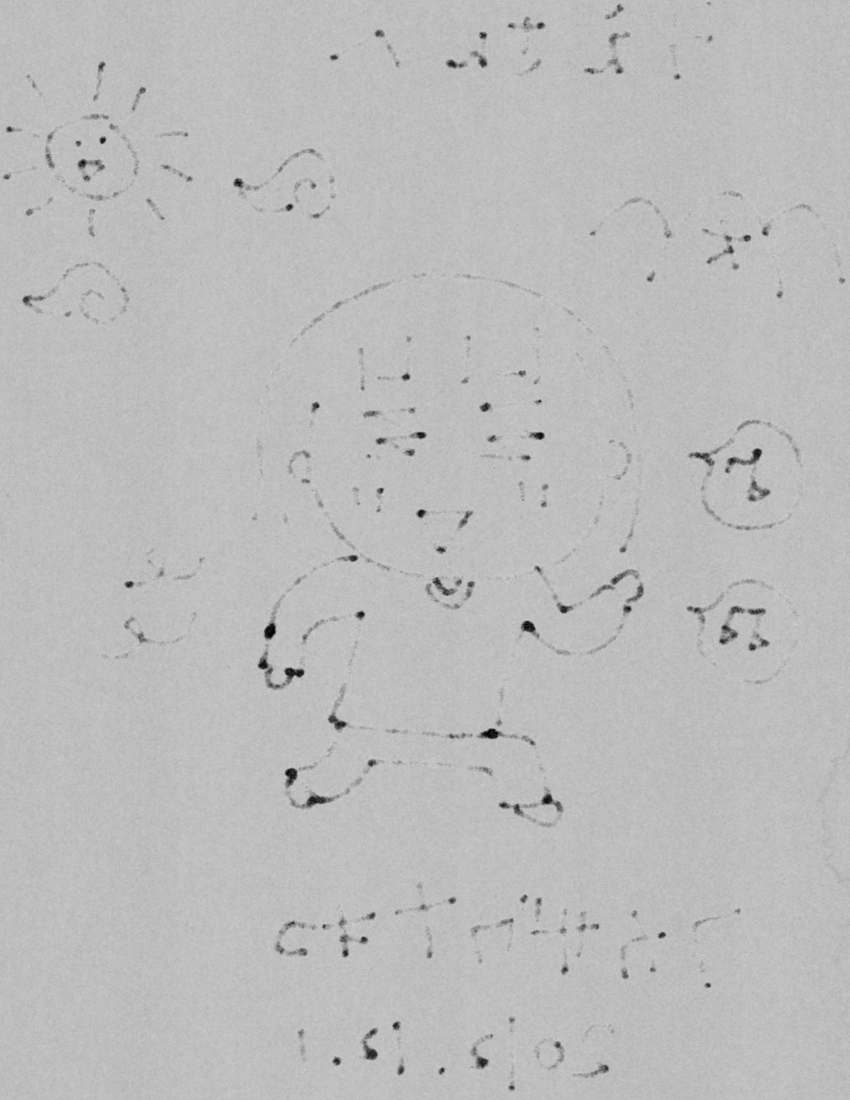

~女ひとりだからこそ面白い~
おひとりさまの京都ひとり旅
フカザワナオコ

もくじ

?
?
KYOTO MAP

KYOTO

イラストレーター&漫画家のフカザワナオコです
彼なし金なしの三十路すぎひとり暮らしです
あいもかわらずいまだに毎日がおひとりさまで
ハッ
今週金魚としか話してない～!!
金魚3匹飼ってます
悪かったね～
このひとりの日々にすっかり慣れきってる自分がこわい!!
そうは言ってもひとりだと困ることもたくさんなのも事実
電球の交換
ぐらぐら～
部屋の模様替え
これどうやって動かせばいいの!?
パソコンの不調
ネットがつながらない～
彼がいれば万事ＯＫなのに～!!
男に実用性求めすぎでしょ～
でも私がいちばん困ってるのは
旅に行けないこと～!!
うわ～ん!! どっか行きた～い!!
ハワイ
ハワイ
アロハ
既婚の友人は家庭があるから誘いにくいし
育児でバタバタだよ～
店長だから
連休とかムリ～
独身の友人は仕事忙しくて休みが合わない…
母と行くってのもアリだけど
今月何も予定ない日あったかしら～
○日は友達とバス旅行で△日はボランティアで×日はパソコン教室…
ぎっしり
……
これがなかなか私より忙しそう…

彼がいたら旅行も気軽に計画できるのにな～
ん～…
かと言ってこんな毎日ですぐ何か起こるとは思えないし…
ナオコ38歳、独身、出会いなし…
ハッ
これはもうひとり旅しか手段はない…!?
いやいやいや!! 方向音痴だし… 私小心者だし
ひとり旅なんて絶対無理ー!!
でもそんなこと言ってたら
旅なんて何年後になるかわからない…
気づいたら有効期限切れてたパスポート
HAWAII
ハワイ
日本国旅券
いきなり海外とかってのはハードル高いとしても…
国内で近場ならなんとかなるんじゃないのかなぁ…
日本国旅券
国内で近場か～
あっ
あそことかどうだろ!?
どこどこ～
新幹線でパパッと行けて道もわかりやすくって!!
10年以上行ってないから新鮮な気持ちでイチから旅できて!!

うん…!!
チャラララ〜
まさにあのCMのように…!!
そうだ 京都 行こう。
京都行こう…!!
おいしいものとか食べ歩きしてさ!!
女ひとり旅に京都ってぴったりじゃない!?
大
イメージです
歴史あるお寺まわって日本を知るってのも大人の旅って感じがしてステキ〜!!
歴史とか全然詳しくないのに大丈夫〜!?
そういうの勉強しがてら行くのもいいんじゃないのかな!?
うんうん!!
うわ〜!!
すっごい楽観〜!!
そうと決まったらまずはガイドブックさがしに行こっと♪
わ〜!!
久々の旅だ〜
ナオコ38歳おひとりさま京都ぐるぐるまわります☆

第一章はじめてのおひとりさま

京都日帰り修学旅行

~ドキドキの女ひとり旅~

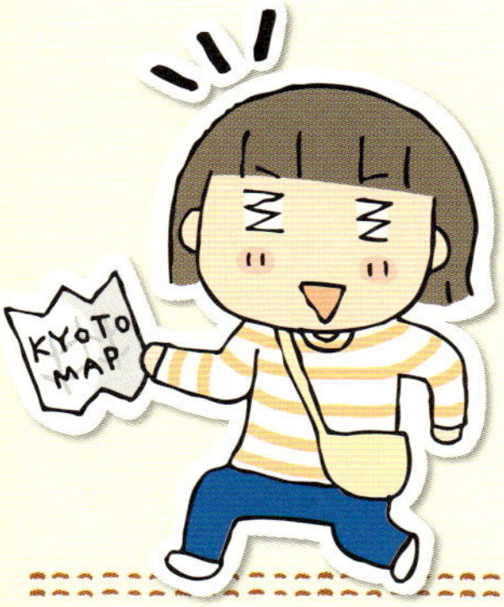

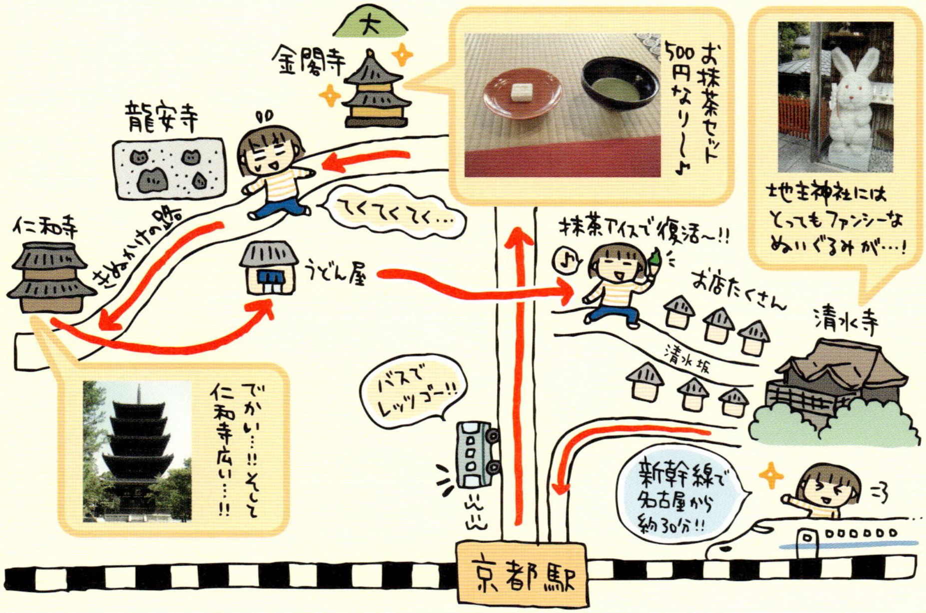

ナオコ38歳おひとりさま日本女子…
京都
ひとり旅をすべく京都にやってきました…
AM8:00
今回の旅のテーマはズバリ…
大人の京都日帰り修学旅行
日本人だし見ておかなきゃね…
フッ…
歴史の教科書に載ってたこれぞ京都なお寺を1日まわります
旅のスケジュールはこんな感じ
金閣寺←龍安寺《りょうあんじ》←仁和寺《にんなじ》←清水寺《きよみずでら》←泉涌寺《せんにゅうじ》←東福寺《とうふくじ》←東寺《とうじ》
今日のためにいろいろ調べて来たもんねー!!
ガイドブックも熟読したし京都通の友達にもレクチャー受けたし!!
計画は完璧!!
ってことで早速市バスの一日乗車券買って~
→市バス3回乗ったら元とれてお得♪
優雅な大人のひとり旅スタート♪
ん?
どわ~!!
バス停超混み~
OH!
キャッ
外国から～の観光客
修学旅行生↗
バスの中もぎゅうぎゅう～!!
早速京都の洗礼受けた感じ～
金閣寺に着くころにはちょっとヘロヘロ…
久々バス乗ったら酔っちゃった…
えへ♡
AM9:00

京都裏話　普段乗る機会がないのでバスは妙にドキドキした！　前と後ろどっちから乗るのかもわからないし、降車時に一日乗車券入れる方向もわからないし。

しかしそんな車酔いも吹き飛ばすほど金閣はまぶしかった!!
いきなり どど〜〜ん!!
め、目がくらむ〜!!
拝観料を払うともらえるお札
ヒラリ…
入ってすぐにこのゴージャス感…!! さすが世界遺産!!
ピカ〜
ピカ〜
そして金閣のそばではこんなもの発見
お札入れ? さっきもらったお札のゴミ箱ってこと!?
ご不用な方へのお札入
おふだ入れ
お札捨てちゃうなんて罰当たりだな〜
珍しいから写真撮っとこ!!
カシャ
カシャ
ちなみに金閣は3つの層から出来ています
ペカー
禅宗仏殿造りの3層
武家造りの2層
寝殿造りの1層
金箔は2層と3層だけなのねー
スッ…
あっ!!
ちょっと気まずかったです…

金閣を見たあとは売店でお買い物
こどもお守りかわいい!!
こどもお守り
姪っ子のお土産にしよ～♪
お守りは他にもいろいろあって
な、なんと…
キ、キティちゃん
おまもり
サンリオはお守りまで作ってるのか～
すごい…
お抹茶とお菓子
あっ
お抹茶飲めるんだー
早速座敷でお抹茶をいただくことに…
ひとりお茶会状態～
※野立席もあります
お待たせいたしましたー
金閣という名前のお菓子→
お抹茶セット500円なりー
作法はよくわからないけどこのお菓子おいし～♡
ごゆっくり～
しいて言えば…
朝、パンだけだったしもっとたくさん食べた～い!!
歩いてのどかわいたしお抹茶ももっと飲みた～い!!
こんな風趣ある所で不粋すぎる…
さてお抹茶も飲んだし御朱印もらいに行くかな
御朱印《ごしゅいん》とは参拝者に向けて押される印章のこと印章だけでなく職員の方が筆で日付などを入れてくれるのです
だいたいどこも300円ぐらいらしい
こういうの…

京都裏話　だいたい日帰りで京都行くとスマホの歩数計が約２万歩。家から一歩も出ず、ずっとこたつに入ってる日常からは考えられない数字！

なんでもこれを持ってると死んだとき「これだけ信心深かったんですよ～」という証しになって極楽浄土に行けるという話…
天国へのパスポート？
スタンプラリーみたいで楽しそう!!
旅前
ガイドブック
御朱印所ってここかな？
あのー御朱印ってここですか？
御朱印帳は？
あ、それも欲しいんですけど…
朱印帳
あ、ここから選ぶのかえーっとえーっと…
もたもた
何番です？
か…感じる…
ハッ
無言の早くしてオーラ!!
初心者に容赦ないこの感じ…
に、2番のください
御朱印とあわせて2100円ですっ
ピシャッ
さ、さすが世界遺産の金閣寺…!!
御朱印って気軽に集めるもんじゃなかったのか～!!
なんだかすみません～!!
ひしっ
ちなみにそのあと自動販売機のおみくじひいたら
ほんとに…？
大吉でした…
おみくじ

なんだかんだ言っても大吉だし!!
さぁ!! いざきぬかけの路へ!!
売店でつい買った茶だんご
甘いもの食べてちょっと復活♪
きぬかけの路は自然たっぷりの衣笠山の山裾を歩くちょっとした散策コース
金閣寺
龍安寺
仁和寺
きぬかけの路
ちょうど3つのお寺沿いの道なのです
きぬかけの路を歩こう!
ガイドブック見て気になってたんだよね〜♪
これがきぬかけの路かぁ〜
てく
てく
ブップー
ブロロ〜
う、う〜ん…これってけっこう普通の生活道路っぽいかも!?
イメージと違う〜!!
やってない店ちらほら↓
↖車たくさん
何より日陰なくて暑いし…
龍安寺までまだまだあるし…
バスに乗って移動したほうがよかった…!?
レンタサイクルってのもあるのか!!
フフフ〜♪
シャー
今頃気づいても遅い…
よ、ようやく龍安寺到着〜
ここも世界遺産
AM10:30

京都裏話　京都ではどこも外国からの観光客を大勢見かけたけど、特にたくさん見かけたのが龍安寺の石庭。みなさん思い思いのポーズで自由に見てる感じがなんかよかった！

龍安寺　石庭
15の石が点在していてどこから見ても一度に全部の石が見えないという不思議な庭
おお!!
思わず背筋が伸びる→
いつ出来たかとか誰が作ったかとか意味とかすべて謎のこの庭…
1、2、3…
あー!! 何度数えても13個!!
2個どこ行ったー!?
13個しか見えないぞ
いや、こっちからは12個だ
誰もが数えずにはいられない…
まさに謎も世界遺産級…
あ、あの外国人のおじさん寝っ転がって眺めてる～
オー!! ビューティホー～
かと思えばあの人は座禅組んでて本格的
みんな自由に見てていい感じ～
実は私好きな人いて…
うんうん
こんな所で恋バナ～!?
キャー♡
この石庭には打ち明け話をしたくなるパワーでもあるのでしょうか…
でもねメールしてて…
…でも
なんかわかるな～

ここだけ時間が止まってるみたいだから
気持ちがまっさらになっていく感じ…
毎日仕事してあわただしくて…
こんな場所こんな時間があるなんて知らなかったな…
石庭の不思議パワーに
全身で触れることができた気分です
パワーチャージ中!!
ムムム～
今更バスに乗るのは負けた気がするから仁和寺まで歩くぞ～!!
よしっっあと少し!!
ん?
きぬかけ
きぬかけの路の目印
きぬかけの路歩いた記念にコレ撮っとこ!!
バーカ
やんちゃな若者
ブロロー
パシャ
ハァ!?
私とことんきぬかけの路と相性悪いのかな…?
次来ることあったら絶対バスで移動します…
ようやく仁和寺来た～きぬかけの路もゴール～!!
おつかれ私!!
AM11:30
世界遺産にも登録されてる仁和寺はその当時の天皇によって建てられたそう…
五重塔
庭すてき～♡
皇室ゆかりなだけあってとっても雅なムード♪
パンフレット

京都裏話 道に迷った時、いつもすごく丁寧に教えてもらったので、私も旅から帰って日常で道聞かれることがあったら、今まで以上にちゃんと対応しようと心に誓った。

うん…
確かに格式あってなんだかすごいけど…
仁和寺広すぎ～!!
バーン
中門までとにかくずーっと道…
人が豆つぶ
※境内は9万平方メートルもあるらしい…
まだこの先にいろいろある
どんだけ広いの～!?
ひとつひとつの建物がとにかく遠い～!!
きぬかけの路歩いて来た私にはちょっとつらいこの広さ…
なんで私バスで来なかったんだろ…
思わずベンチ休憩…
あら!! あなたの御朱印帳かわいいわね!!
あらほんと!! どこでそれ売ってるの!?
あ、ありがとうございます!!
わわっ
仁和寺ではこんなことも
ヘロヘロだけど御朱印はもらう
御朱印所ここだわ
すみませーん
金閣寺でさっき買ってー
まぁ!! そんなのあるのね～
ほんとねー!! 私も次はそういうのがいいわ～
こういうちょっとしたやりとりってなんだかうれしくなりますね
仁和寺のあとはお昼を食べるために嵐電で
御室仁和寺駅《おむろにんなじえき》から龍安寺駅まで移動
1両だけのちょっとレトロな電車
わ～!! かわいい電車!!

朝乗ったバスでも思ったけど…
次どこ行く～
縁結びしたいからさ
観光地の公共交通って地元のお客さんと観光客が一緒でなんだか不思議な感じ～
車内で運賃払うシステムだった～
久々にそんな電車乗ったなー
笑福亭
亭福笑
あ、調べて来たお店ココだ!!
手打ちうどん笑福亭
京風うどんをリーズナブルに食べられるお店♪
志っぽくうどん
670円
安っ!!
ネットのクチコミで見て食べてみたかったんだよね～
笑福亭
んん!?
だしが上品でおいし～～!!
手打ち麺にだしがしみ込んでてホッとする味ー!!
これが京風うどんか～
おお～～!!
比べるのも失礼だけど…
ふだん食べてるうどんと格が違いすぎる…!!
いつもは3袋100円のゆでうどん
ゆで
おおきに～
ごちそうさまでした－
お店のおばあちゃんの醸し出す雰囲気にもほのぼのしました

京都裏話　行ったのは秋だったのですが、ほんとにびっくりするぐらい暑くてヒートテック着てた私はひたすらどこ行っても汗だく！　京都の気候はほんとよくわからない。

おなかもいっぱいになったので清水寺へGO!!
市バス
JRバス
竜安寺前
うんうん、このバス停でいいな
し…しかし…
京都暑い～～～!!
サンサン
10月なのに～
そう、この日はとってもいい天気でなおかつバス停は日陰なし…
ちょっとクラクラしてきた…
パサッ
んっっ!?
私もバス停で待つんでよかったらご一緒にどうぞ～
ニコッ
あ…
ありがとうございます!!
どちらからいらしたんですか?
私は静岡なのー
あ、その隣の愛知県からです実はひとり旅でー
へ～!!
私よくひとり旅で京都来るのよー
ゆ～そうなんですかー
ひとり旅しなかったら見知らぬ人と話すこともなかったのかな～
バスまだですかね～
こんなちょっとした出会いもひとり旅の醍醐味なのかもですね
ブロロロ～
乗り換えで彼女とはお別れ
日傘ありがとうございました!!

清水坂
お店たくさ〜ん!! ちょっと休憩するか〜
ん…!?
キラーン
ビール 五〇〇円
ビール…!?
ビール飲みたい…!! のどかわいた〜!!
ぷぃうへ〜〜
でも酔いどれ参拝なんて人としてダメな気がする!!
という訳でここは抹茶ソフトで我慢…
歩きつかれた体に甘いものがしみる〜♪
やっと清水寺到着〜!!
ばばーん
まずはずっと気になってた随求堂《ずいぐどう》で胎内めぐり〜
PM 3:00
胎内めぐりとは菩薩のおなかの中に見立てた真っ暗な中を一点の光を求めて歩きお願い事を叶えるというもの…
100円で〜す
このビニール袋に靴入れとくれやす〜
ドキ
ドキ
何お願い事しようかな〜
やっぱり良縁かな〜 それとも仕事か…
んん!?
ほんとに真っ暗〜!!
手すりは数珠に見立ててる
ひ〜!! 腰がひける〜…
前後に人がいるかもわからない!!
も…もしここでひとりでパニックになったらどうしよう…
ドキドキ

京都裏話 清水寺にいるタイミングで母から「パン作ったけどいるー？」という電話が。
お母さん、私いま京都…。

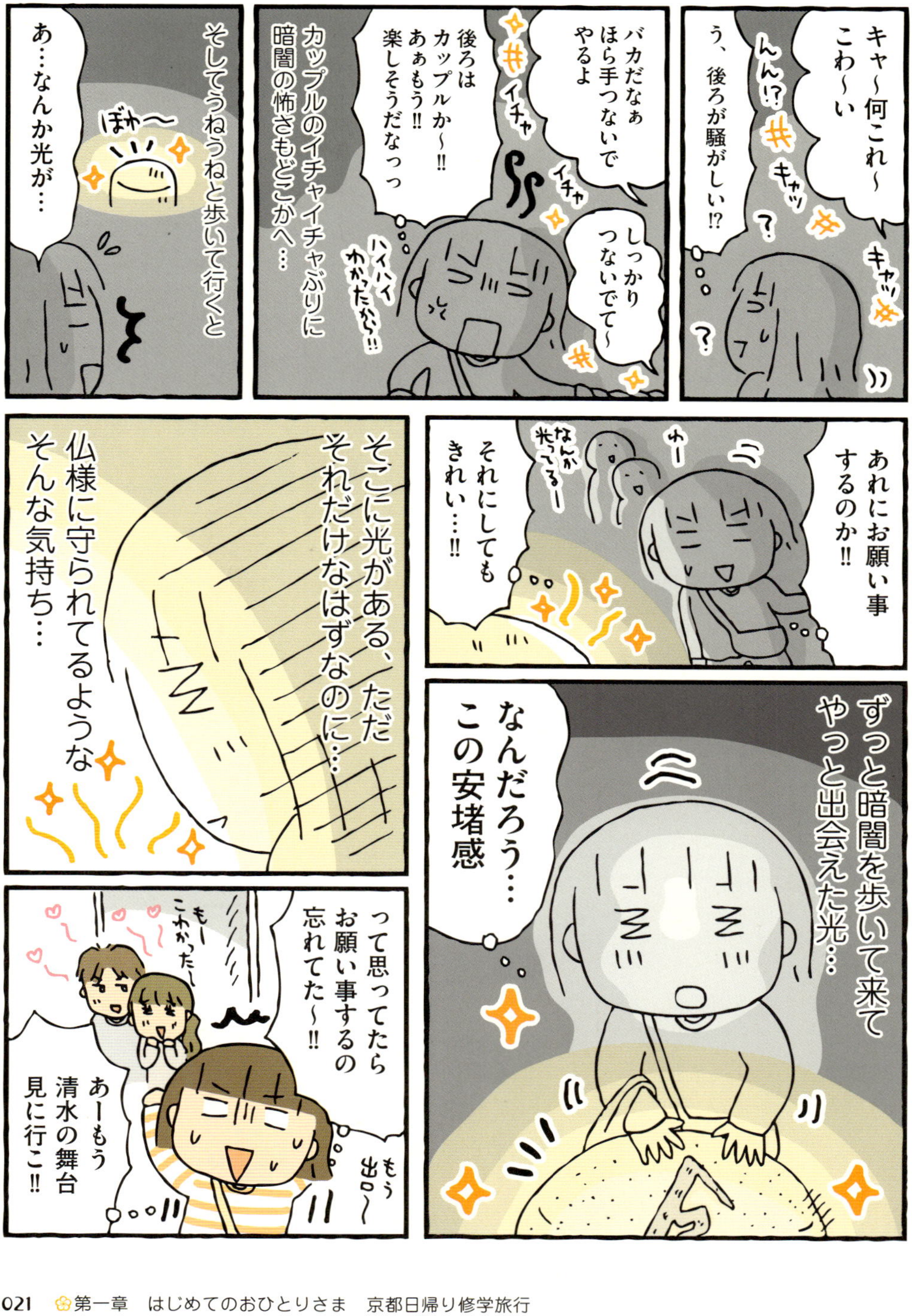
キャ〜何これ〜こわ〜い
キャッ
キャッ
んん!?
う、後ろが騒がしい!?
バカだなぁ ほら手つないでやるよ
しっかりつないでて〜
イチャ
イチャ
後ろはカップルか〜!! あぁもう!! 楽しそうだなっっ
ハイハイわかったから!!
カップルのイチャイチャぶりに暗闇の怖さもどこかへ…
そしてうねうねと歩いて行くと
ぼわ〜
あ…なんか光が…
あれにお願い事するのか!!
わー
なんか光ってるー
それにしてもきれい…!!
ずっと暗闇を歩いて来てやっと出会えた光…
なんだろう…この安堵感
そこに光がある、ただそれだけなはずなのに…
仏様に守られてるようなそんな気持ち…
って思ってたらお願い事するの忘れてた〜!!
もう出口〜
もーこわかった〜
あーもう清水の舞台見に行こ!!

ってことでいざ清水の舞台へ!!
バーーーン
わ〜♡
思ってたより
こぢんまりだけど…
お!! 京都タワー発見!!
京都市内が一望できて
いい眺めだなー
そういえば舞台を支えてる
柱は釘を一本も使って
ないんだっけ…
昔の人はすごいなー…
江戸時代にはここから飛び
降りた人が200人以上いて
その8割は生きていた
とのこと…
というのも、もし助かれば
願いが叶い、助からなくても
成仏できるという信仰心が
あったそうです
死んでも観音様のもとへ〜!!
wiki pedia より
願い事は叶えたいけど
飛び降りは無理だわー!!
清水寺の中に地主《じしゅ》神社が
あるのを発見
えんむすびの神
地主神社
せっかくだし行ってみるか!!
縁結びか〜
キャッ
〜〜〜〜!!
キャッ
何このキャッキャッ
した雰囲気〜!!
えんむすびの神さま
良縁達成
感謝の手紙

京都裏話　おみやげ屋さんで限られたお小遣いで真剣におみやげ選んでる小学生がなんだかかわいい。
もはや完全に親目線。

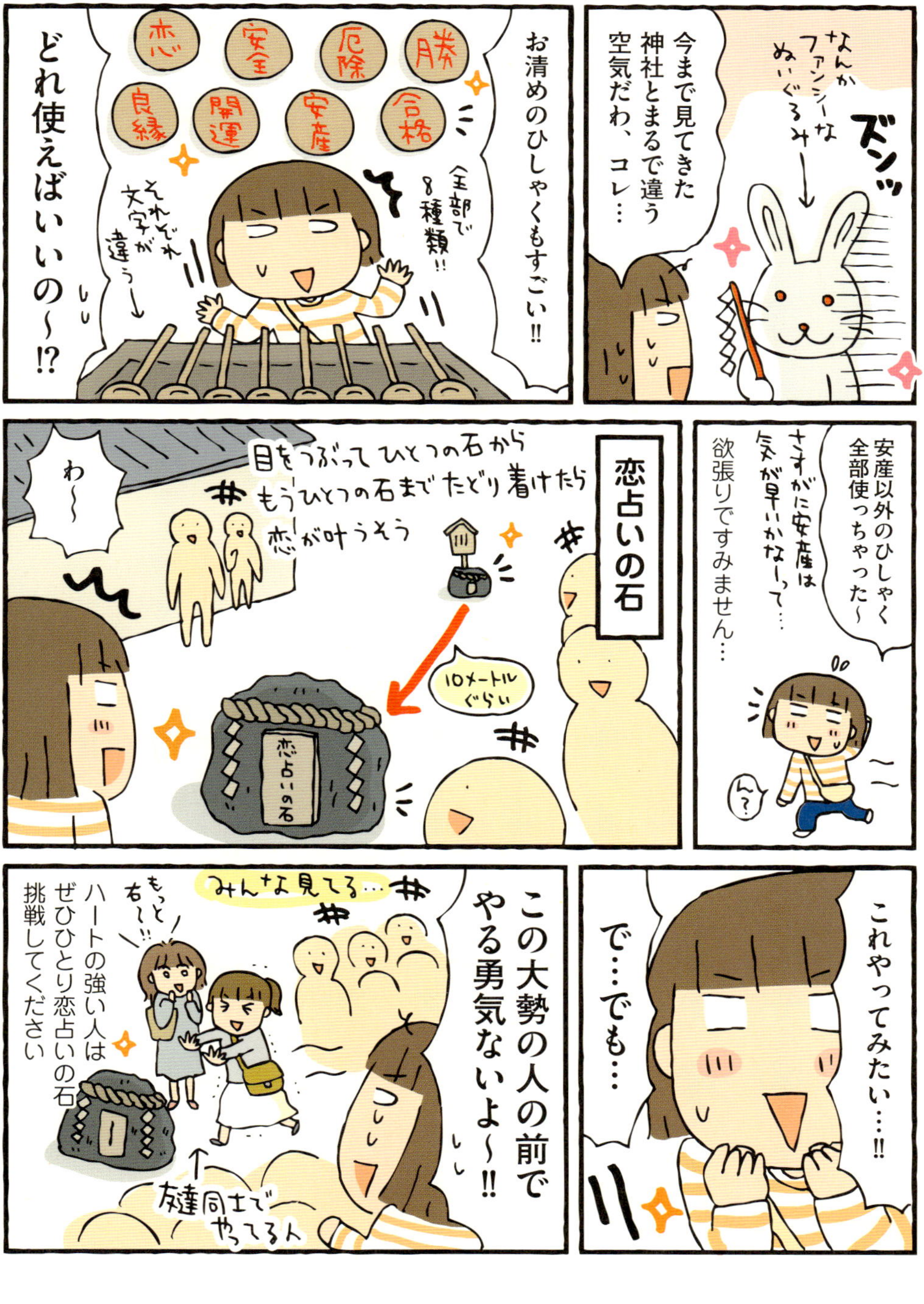
ズンッ
なんかファンシーなぬいぐるみ
今まで見てきた神社とまるで違う空気だわ、コレ…
お清めのひしゃくもすごい!!
勝
厄除
安全
恋
合格
安産
開運
良縁
全部で8種類!!
それぞれ文字が違う
どれ使えばいいの〜!?
安産以外のひしゃく全部使っちゃった〜
さすがに安産は気が早いかなーって…
欲張りですみません…
ん?
恋占いの石
目をつぶってひとつの石からもうひとつの石までたどり着けたら恋が叶うそう
わ〜
10メートルぐらい
恋占いの石
これやってみたい…!!
で…でも…
この大勢の人の前でやる勇気ないよ〜!!
みんな見てる…
もっと右〜!!
友達同士でやってる人
ハートの強い人はぜひひとり恋占いの石挑戦してください

予定に入ってなかったけど
地主神社おもしろかったなー
思いがけない予定変更できるのも
ひとり旅のいいところだわ～
清水寺も見たし
次の目的地の
泉涌寺へ～♪
美人祈願するん
だもんね～
と思ったものの
まさかの
5時…!?
カーカー
17:04
うそ!!
いつの間に!?
もうだいたいの
お寺が
拝観終了…
もしかして
時間配分
間違えた…？
時間が押してても
誰にも指摘されない
のもこれまた
ひとり旅
ならではです…
カーカー
泉涌寺…
東福寺…
東寺…
またいつか
必ず…
旅のしめくくりは京都駅内の
飲食店で茶そばセット
お茶のゼリー
お茶のふりかけ
そして茶そば!!
あれ？ そういえば私
今日、お抹茶飲んで
茶だんごも食べて…
抹茶ソフトも
食べたっけ…
見事
茶尽くし…
これぞ京都マジック～!!
茶そば
おいしいから
いいか～♪
ズルル～
優雅な大人のひとり旅とは
ほど遠くともなんだか楽しい
一日なのでした☆

京都裏話　京都駅から名古屋駅まで新幹線で30分ちょっととめちゃくちゃ近い。なので駅弁食べるにもビール飲むにも中途半端な時間で、結局、帰りの新幹線は寝ることが多かったー。

第二章 パワースポットで縁結びめぐり

～ご利益は足で稼ぐべし！～

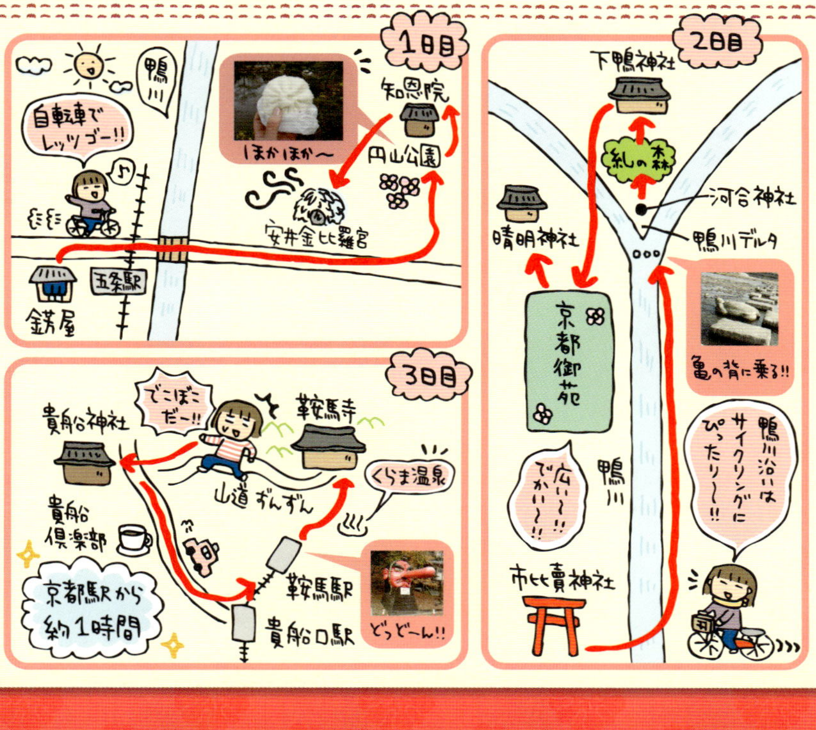

1日目
鴨川
自転車でレッツゴー!!
知恩院
ほかほか～
円山公園
安井金比羅宮
五条駅
錺屋
2日目
下鴨神社
糺の森
河合神社
鴨川デルタ
晴明神社
京都御苑
亀の背に乗る!!
鴨川沿いはサイクリングにぴったり～!!
鴨川
広い～!! でかい～!!
市比賣神社
3日目
貴船神社
でこぼこだー!!
鞍馬寺
山道ずんずん
くらま温泉
貴船倶楽部
京都駅から約1時間
鞍馬駅
貴船口駅
どっどーん!!

1日目
京都到着～!!
AM9:00
今日は祇園界隈をぐるぐるまわりま-す
今回の旅はパワースポットで縁結び祈願
です
女子の大好物づくし～!!
目指せ脱おひとりさまってことで計画したんだけど…
私一応三十路すぎ独身おひとりさまが売りで仕事してるような…
もしステキな彼が出来て万が一結婚なんかしちゃったら…
が～～ン!!
仕事なくなる!?
旅前にそんな不安にかられた私ですが…
大丈夫です!! そのときはおふたりさまを描けばいいんです
おひとりさま本編集F子さん
F子さ～ん!!
ありがとうございます!!
わ～ん!!
編集F子さんから力強いお言葉もいただいたので今日の旅はこんな感じ!!
円山公園《まるやまこうえん》
←知恩院《ちおんいん》
←安井金比羅宮《やすいこんぴらぐう》
←今夜の宿
ここが縁結びで有名なんだって～
今夜泊まる宿に荷物を預けたらレンタサイクルでGO!!
自転車なんていつも乗ってるけど
京都走ってるってだけでテンションあがる～♪
シャーッ
京都は道が碁盤の目でわかりやすいし見所がギュッとつまってるのでレンタサイクルおすすめです
駐輪場もけっこうある!!
鴨川横断中～

京都裏話 レンタサイクルで行くときはあらかじめ有料の駐輪場の場所調べとくと駐輪場をさがす無駄な時間省けていいかも～。

秋だし自転車だしってことで着込んで来たつもりでしたが
ちょっと…いや、かなり寒い…!!
ニャ〜ッ
へっぷし!!
秋冬のレンタサイクルは防寒対策お忘れなく〜
その名も祇園の夜桜
20分ほど走ると円山公園に到着
この枝垂桜が有名らしいけど…
残念ながら今は秋なのでこんな感じ〜
コレ春に見たらきっときれいなんだろうな〜
エアビールでカンパ〜イ♡
イメージです
春の円山公園を妄想してちょっとだけ花見気分です☆
そして公園内にはこんなものも
龍馬像
?
坂本龍馬〜!!そして右の人誰!?
隣の人はなんでも中岡慎太郎という人で近江屋事件で龍馬と一緒に暗殺された人なのだそう
JINや龍馬伝にも出てくるんだって〜
歴史の一ページの人なのね〜
失礼しました!!

思いがけず歴史の勉強したら
おなかすいてきた～
そういえばさっき売店あった
からなんか買って…
ぐ～～
ぎゃー!!
高校生たくさん!!
修学旅行か!?
クレープひとつ～
オレも～
ってか午前中からクレープ
ってすごいな高校生…!!
アラフォーはこういう
時は肉まん…♪
うま～♪
結局コレがこの日の昼食に…
円山公園のあとは徒歩で
すぐ近くの知恩院へ
でかっ!!
幅50メートル
高さ24メートル
知恩院の三門
利
木造門では日本最大なのだそう
AM 11:30
三門をくぐると見えてくるのは
男坂…!!
トム・クルーズが
ラストサムライの撮影で
上ったんだって～
ラストサムライ見てない
けどすご～い!!
トムもこの階段を…!!
トム・クルーズのファンでもないけど
こういうのはテンションあがる～!!
男坂を上ると御影堂《みえいどう》へ

※御影堂は現在、修理中ですが、平成31年春ごろから見ることが出来ます。

京都裏話　祇園界隈歩いてるときに男性に呼び止められて道を聞かれた。地元にいるときは「キャッチか!?」とすぐさま身構えるのに旅中だとすんなり話聞けて不思議！

知恩院には古くから伝わる七不思議というものがあってそのひとつ「忘れ傘」がここで見られます
あみがあってわかりづらいけど確かに軒下に傘が〜!!
御影堂を建てるときに元々ここに住んでた白ギツネが自分のために新しい棲居を作ってくれたお礼に
新しい家作ってくれてありがとコーン
一生知恩院守るコーン!!
♪
この傘を置いて知恩院を守ることを約束したという…
※当時の名士が魔除けに置いた説もあり
どの説が正しいかわかんないけど粋なことするな〜♪
↑ずしっと上にある
へ〜♡
しかし知恩院の他の七不思議も気になるけど全部まわってたら時間が足りない…
ん〜…
と思ったら七不思議説明する機械発見〜!!
ボタン押すと音声解説が!英語もアリ!
知恩院いたれりつくせりです☆
抜け雀
大方丈の菊の間の襖には雀が描かれていたのだけれど…
チュン
チュン
あまりにも絵が上手で雀が生命を受けて飛び去ったのだそう…
↑一番気になった!!
※残念ながらこのふすまは非公開です
私だったら金魚描いてどっか行っちゃう感じ?
イメージ
金魚飼ってる↓
でもそんな上手に描く自信ないわ〜
他の七不思議も知恩院に行ったらぜひ楽しんでください♪
シャーーッ
私は音声ガイドでズルしちゃったけど〜

知恩院のあとは安井金比羅宮へ
ここ縁結びで有名なんだよね～
おっ!! 絵馬発見!!
PM2:30
私も良縁祈願で書いてみようかな～
え～っと何々？
嫌いな上司が異動になりますように…？
ストーカーと縁が切れますように…？
○○○との悪縁が切れますように…？
ってか実名…て
そう、ここは縁切り寺としても有名なのです…
わ～～～!!
絵馬見ちゃってごめんなさーい!!
と、とりあえず縁結び祈願はしなくちゃ…
縁切り・縁結びの碑
この中をくぐると願い事が叶うらしい
まずこの形代《かたしろ》って白い紙にお願い事書いて～
良縁に恵まれますようにっと!!
で、ここをくぐって…
こんな狭いとこ通れるか心配!!
お姉さんダメよ～!!
反対よ!! 前からくぐって悪縁を切って!!
①
②
そして後ろからくぐって良縁をつかむのよ～!!
？ ？
だ、誰!?

京都裏話　安井金比羅宮の「縁切り・縁結びの碑」。私が行ったときは誰もやってなかったのですが、私がやった途端次々とみんなやりはじめ最後は行列がで出来るほどに。

じゃ前から…
あ〜〜!! ダメ〜〜!!
荷物も一緒にくぐって荷物についてる厄も落とすのよーー!!
そ、そこまで意味があったとは…!!
ご指南ありがとうございました〜!!
助かりました〜!!
書いた形代はココにはりました
いえいえ、どういたしまして〜
見知らぬお姉さんのおかげで正しく縁切り&縁結びができちゃった〜♪
シャ〜ッ
パワースポットに来る本気女子に感謝☆
このあと、自転車で20分ほど走り、京の台所「錦《にしき》市場」で夕食の買い出し
今夜はおそうざい買って宿で食べるんだ〜
この京のおばんざいくださ〜い!!
おおきに〜
夕方6時〜!! やっと宿に戻って来た〜〜!!
今夜の宿はレトロモダン感が女子の心をくすぐる町家ゲストハウス錺屋《かざりや》です
レンタサイクルもここで借りました
あ〜〜和室落ち着く〜
昔ながらの鏡台かわいい♪
部屋はなんとテラス付きデラックスルーム!! と言っても9000円!! 女性専用相部屋2500円っていうのもあります
ここしか空いてなかった
安っ

この宿はトイレとシャワーが共用なので
ちょっとドキドキするけど…
シャワー浴びてこよ〜っと♪
こ…こんばんは!!
あ…
ニコッ
こんばんは〜
お先に〜
同じ宿に泊まってる旅人同士があいさつする…
これけっこういい感じかも〜
ビジネスホテルにはないわ こういうの〜
ゲストハウスならではのコミュニケーションです♪
シャワーを浴びたら部屋にてひとり晩酌
いったただーきまーす♪
さっき錦市場で買ってきたおそうざいとビール
BEER
外の車の音をBGMに晩酌か〜
この宿にはテレビはありません
ブッブ〜
ブロロー
たまにはこんなシンプルな時間の過ごし方もいいかもな〜
が、しかし
わ〜!! 余計なものがないから飲むのに集中しちゃう〜
ぐいぐいいけるよ〜!!
ってことで結局この日はすぐさま撃沈…
うぃ〜♪
この姿だけ見ていたらまさか京都に来てるとは到底思えない私なのでした

京都裏話　錺屋で宿泊した部屋はデラックスルームってことで飲み会ができそうなベランダ付き！
でも秋で寒かったので1秒もベランダにいられませんでした…。

2日目

パワースポットで縁結びめぐりも
朝だよ〜
2日目の朝!!
まずは布団をたたむとこからスタートです
よいしょ よいしょ
万年床の私には久々の重さ…!!
チェックアウトをして荷物だけ預かってもらったら今日もレンタサイクルで出発〜
市比賣《いちひめ》神社→鴨川デルタ→糺《ただす》の森→下鴨《しもがも》神社→京都御苑《きょうとぎょえん》→晴明《せいめい》神社
今日の旅はこんな感じ〜
シャーーッ
下鴨界隈をぐるぐるしまーす
30分ほど走ると市比賣神社に到着です
AM9:00
ここは女人厄除けで有名で
さすが女性の守り神!! 朝イチなのにもう女性グループが!!
まずは手水舎「瀞」で手と口をゆすぎます
すがすがしい
「瀞」とは…「清」と「浄」の文字が組み合わさったもので「自分の心をすがすがしくしなさい」という意味だそう
瀞
私もすがすがしくなりた〜い♡
そして天之真名井《あめのまない》で良縁祈願♪
ひとつだけお願い事をしながらこの水を飲むと叶うのだそうです♪
ジャ〜
ひとつだけ… ひとつだけ…
良縁も欲しいし仕事も健康も大事だし〜!!
と、とにかくおひとりさま卒業できますように〜〜!!
ゴク〜!!
少しは願いが届いたでしょうか

女人守護のお守りとして人気の「女人お守り」も購入して
お願い～私を守って～!!
600円
女人お守
神頼みは完璧です☆
市比賣神社を出たあとは鴨川をスイスイサイクリング!!
信号ないし楽々～
サギが近い!!
20分ほど走って鴨川と高野川の合流地点の鴨川デルタに到着
ザザ～ッ
飛び石になってて向こうまで渡れる♪
ちょっと早いけど近くのパン屋さんでパンを買ってきて鴨川デルタを眺めながらのんびりランチ♪
この蓮根パニーニおいし～♪
腹ごしらえしたら早速飛び石に挑戦!!
おお!! これけっこうな大股じゃないと飛べないんだ!!
ぴょん
飛び石は亀や千鳥の形のものもあって
私いま、亀の背中に乗ってるよ～
ゴー
老夫婦まで挑戦してる!!
チャーミーグリーンのCMみたい♡
ただ飛び石飛んでるだけなんだけどこれがなかなか楽しい♪

京都裏話　鴨川デルタの飛び石は人とすれ違うとき落ちやしないかちょっと緊張する。

自転車で5分ほど走って糺の森へ
下鴨神社境内に広がる
約12ヘクタールの神聖な森です
AM11:00
ぱ〜
歩いてるだけでパワースポットのオーラがぷんぷん〜〜♪
糺の森内にある河合《かわい》神社では
美人祈願ができるということで
私も美人祈願する〜
鏡の形の絵馬にお化粧する
まだすっぴんよ〜
¥800
そなえつけのクレヨンで描く↓
久々のクレヨンに四苦八苦しつつも
こんな感じにしてみました♪
日本第一美麗神
河合神社
ちゃんとおかっぱヘアーにしてみた!!
これで美人な三十路すぎになれるかな〜〜♪
誰…!?
パワースポットの糺の森で
煩悩まみれですみません…
いや〜楽しみだ!!
糺の森を進むといよいよ
世界遺産の下鴨神社!!
鳥居でかっ
そして朱色がまぶしい楼門を
抜けると
きれーい♪
なぜかはためく習字…!!
舞殿↓
夕やけ
きのこ
運動会
自由と平和
りす
ゆう日
白い山
平和な
十五夜
ゆ〜!?
何これ〜!?

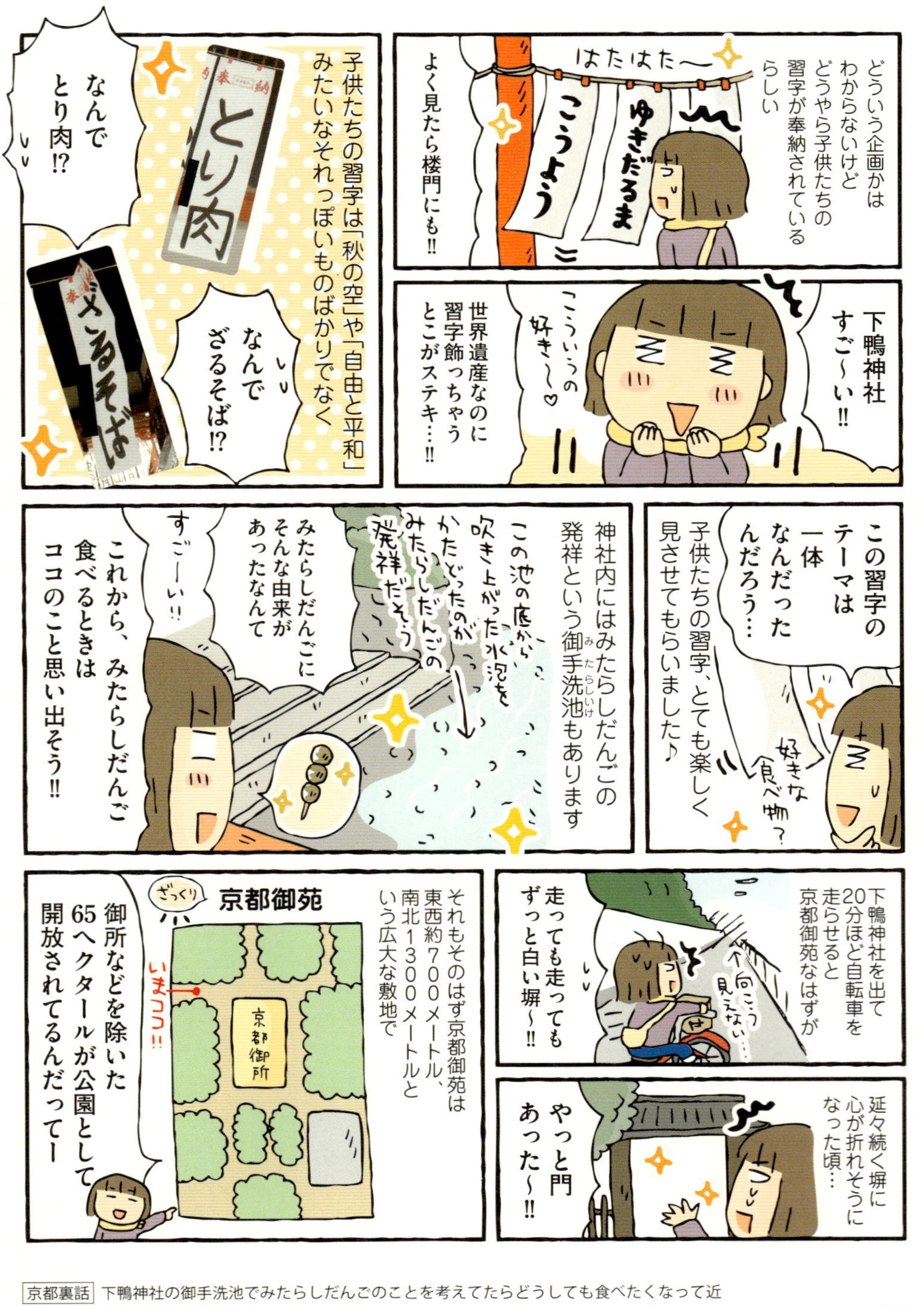

どういう企画かはわからないけどどうやら子供たちの習字が奉納されているらしい
はたはた〜
ゆきだるま
こうよう
よく見たら楼門にも!!
下鴨神社すご〜い!!
こういうの好き〜♡
世界遺産なのに習字飾っちゃうとこがステキ…!!
子供たちの習字は「秋の空」や「自由と平和」みたいなそれっぽいものばかりでなく
とり肉
なんでとり肉!?
ざるそば
なんでざるそば!?
この習字のテーマは一体なんだったんだろう…
子供たちの習字、とても楽しく見させてもらいました♪
好きな食べ物?
神社内にはみたらしだんごの発祥という御手洗池《みたらしいけ》もあります
この池の底から吹き上がった水泡をかたどったのがみたらしだんごの発祥だそう
みたらしだんごにそんな由来があったなんて
すご〜い!!
これから、みたらしだんご食べるときはココのこと思い出そう!!
下鴨神社を出て20分ほど自転車を走らせると京都御苑なはずが
走っても走ってもずっと白い塀〜!!
向こう見えない…
延々続く塀に心が折れそうになった頃…
やっと門あった〜!!
それもそのはず京都御苑は東西約700メートル、南北1300メートルという広大な敷地で
ざっくり
京都御苑
いまココ!!
京都御所
御所などを除いた65ヘクタールが公園として開放されてるんだってー

京都裏話 下鴨神社の御手洗池でみたらしだんごのことを考えてたらどうしても食べたくなって近くにある有名店に行くも定休日！

京都御所もあるしちょっと堅苦しいとこかと思ったけど…
PM 1:00
自由な雰囲気の公園だな〜
チリンチリ〜ン
←自転車で通り抜けるだけのおばちゃん
旅前にネットで申し込んでおいた御所ツアーに参加するため京都御所へ
わ〜!! もうみんな並んでる〜
ズラ〜
この物々しさ…さすが宮内庁管轄!!
ズラ〜
一人一人予約票と本人確認のチェック
私の番来た〜!!
ハイ 予約票見せて下さいね
え〜っと…
チラ…
おひとりさま?
ハイッ
ナオコ38歳見てのとおりのおひとりさまです…!!
決して不審者じゃありません〜!!
ハハ…ひとりで来る三十路すぎ女ってやっぱめずらしいのかな…
とりあえず無事受付できて一安心…
受付が終わったらツアースタート!!
みなさんこちらで〜す
みんなでゾロゾロついてく感じなんだ〜
この諸大夫《しょだいぶ》の間は正式に参内した人の控えの部屋で
虎の間
鶴の間
桜の間
というふうに3つの部屋に分かれています

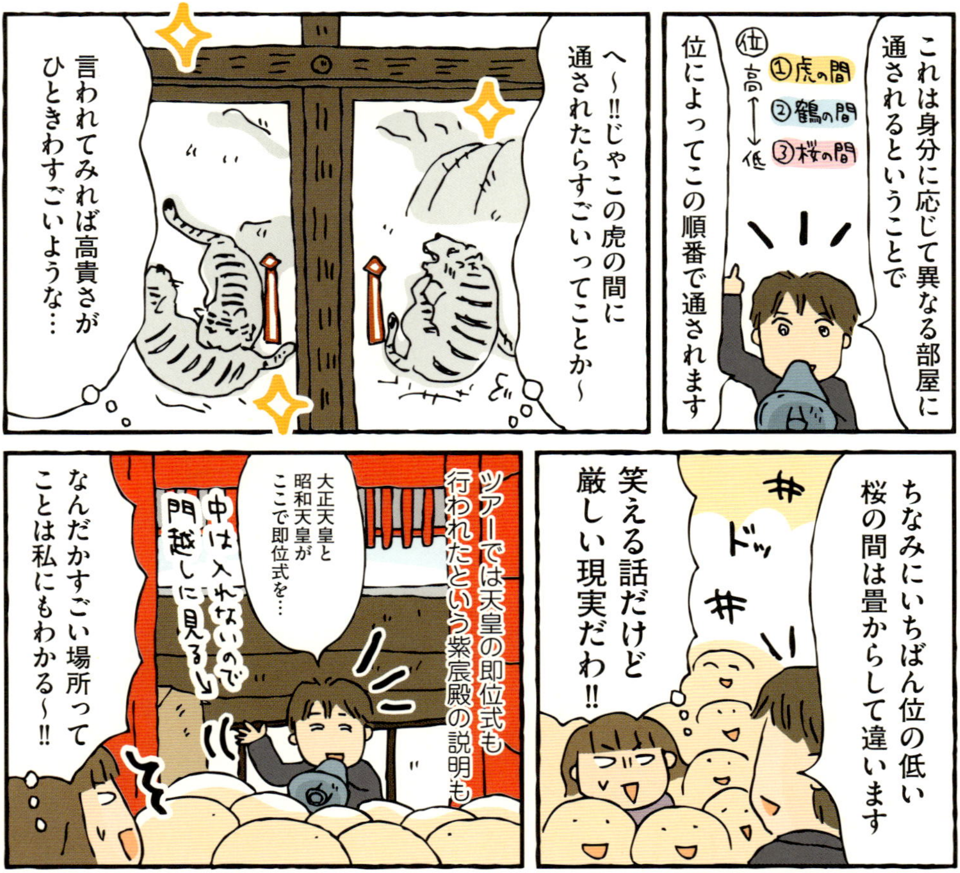
これは身分に応じて異なる部屋に通されるということで
位 高↔低 ①虎の間 ②鶴の間 ③桜の間
位によってこの順番で通されます
へ〜!!じゃこの虎の間に通されたらすごいってことか〜
言われてみれば高貴さがひときわすごいような…
ちなみにいちばん位の低い桜の間は畳からして違います
ドッ
笑える話だけど厳しい現実だわ!!
ツアーでは天皇の即位式も行われたという紫宸殿の説明も
大正天皇と昭和天皇がここで即位式を…
中は入れないので門越しに見る↓
なんだかすごい場所ってことは私にもわかる〜!!
さすが御所、お庭もなんだか厳かなたたずまい
あ〜!!
あの橋渡りた〜い!!
御内庭
↑もちろんムリ…
いや〜御所ツアー、説明もわかりやすくておもしろかったな〜
お土産に金ピカパッケージのあぶらとり紙買った〜
ペカ〜
うんうん!!
ひとり旅だし、たまにはこういうツアーっぽいのもいいかもです♪

京都裏話　御所ツアー中はずっと警備の人が団体のちょっと後をついてきて説明中も遠くから見守ってる感じ。なんにも悪いことしてないのに妙に緊張した！

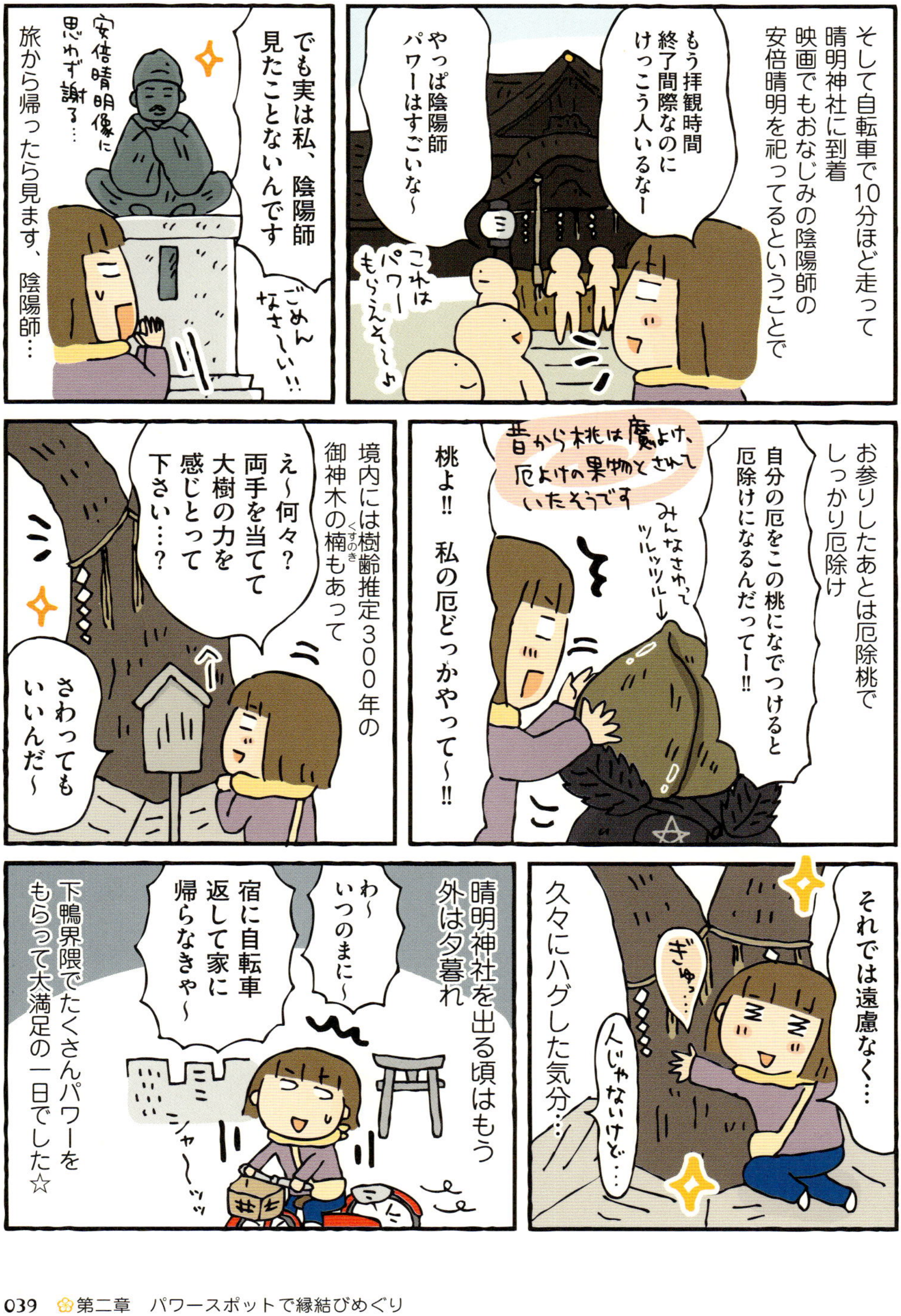
そして自転車で10分ほど走って
晴明神社に到着
映画でもおなじみの陰陽師の
安倍晴明を祀ってるということで
もう拝観時間
終了間際なのに
けっこう人いるなー
やっぱ陰陽師
パワーはすごいな～
これは
パワー
もらえそ～♪
でも実は私、陰陽師
見たことないんです
安倍晴明像に
思わず謝る…
ごめん
なさ～い!!
旅から帰ったら見ます、陰陽師…
お参りしたあとは厄除桃で
しっかり厄除け
自分の厄をこの桃になでつけると
厄除けになるんだってー!!
昔から桃は魔よけ、厄よけの果物とされていたそうです
みんなさわって
ツルッツル↓
桃よ!! 私の厄どっかやって～!!
境内には樹齢推定300年の
御神木の楠《くすのき》もあって
え～何々？
両手を当てて
大樹の力を
感じとって
下さい…？
さわっても
いいんだ～
それでは遠慮なく…
ぎゅっ…
久々にハグした気分…
人じゃないけど…
晴明神社を出る頃はもう
外は夕暮れ
わ～
いつのまに～
宿に自転車
返して家に
帰らなきゃ～
シャ～ッッ
下鴨界隈でたくさんパワーを
もらって大満足の一日でした☆

ハイ〜!! 日を改めまして 本日は日帰り パワースポットで 縁結びめぐりです
また京都に来たよー
今回の旅は京都の奥座敷と呼ばれてる貴船・鞍馬へ♪
鞍馬《くらま》寺 ← 貴船《きぶね》神社
スケジュールはこんな感じ〜
シンプル!!
京都駅からバスと電車を使って1時間ほどで鞍馬駅に到着です
京都市街より気温が5度は低いといわれてるだけあって
ひんやり〜
さっきまでの京都駅よりちょっと寒い〜!!
改札口を出るとこんなものがお出迎え
どーーーん
めっちゃ天狗〜!!
ようこそ鞍馬へ
アハハー
こういうのってつい写真を撮っちゃいますね…
まずは駅近くの神山というお店でランチ
ちりめんさんしょって家で食べたら普通なのに
まだ11時だけどおなかすいた〜!!
ぺろ〜
こういう所で食べると無性においしいんだよね〜♪
ちりめんさんしょ御飯定食 ¥1680
満腹になったらいざ鞍馬寺へ!!
PM1:00
ここからケーブルに乗って行けば本殿金堂まで楽々なのですが
仁王門
本殿金堂まで坂道&ちょっと遠い
…と思ったらメンテナンスのため1週間のお休み中〜!!
お休みのお知らせ
なんでこの期間に来ちゃったかな〜!?
ガ〜ン!!
気を取り直して途中にある由岐《ゆき》神社に立ち寄ってみることに
火の神様を祀ってるそうです
へ〜
鞍馬の火祭 由岐神社
鞍馬の火祭 由岐神社

京都裏話　鞍馬に向かう電車の車窓から猿がたくさんいるのが見えた！　どんだけ山深いの！

わ〜大きな木!!
なんだろコレ〜!?
樹齢800年のこの木は古くから「大杉さん」と呼ばれ一心に願えば願い事が叶うとか
大杉さん〜!! 私に愛をください〜!!
縁結びの旅らしく良縁をお願いしちゃいました☆
境内にはこんなおみくじも…
大吉
おみくじ
待ち人来たるも遅し!? いやいや早く来てよ〜!!
由岐神社をあとにして九十九折《つづらおり》という坂道をひたすら歩く!!歩く!!歩く!!
坂道が15分ほど続きます…
そりゃケーブル必要だわ!!
〜〜〜!!
ぜーハー
ぜーハー
やっと鞍馬寺の本殿金堂到着〜
ひとり旅らしき女性も…
さすが15分も坂道登っただけあって…
比叡山
景色がすごいことになってる…!!
いつのまに!?
お参りしたら本殿金堂の前にある金剛床の中心へ
ここパワースポットなんだよね〜

ってことで神様～!!
バッ
どうぞ私に良縁パワーを～!!
ちょっと恥ずかしいけど
せっかくパワースポットに来たんだしね～
そしてこの鞍馬寺のある鞍馬山は1時間ほどの山歩きをして貴船神社まで行けるというので
鞍馬寺
山道うねうね
貴船神社
私もいざチャレンジ～!!
平安時代の武将、源義経が幼少期(牛若丸時代)に修行に励んだ場所だとあって
義経公 息次ぎの水
修行に行く前に義経がここでのどをうるおしてたそう
ゴクリ～
義経がらみの見所も
かと思えば
んん!?
クマ注意の看板!?
クマがいるからこっちの道は行っちゃダメとのお知らせ
人もいるし大丈夫だと思うけど…
わ～あの人のあとついてこ～
ドキドキしつつも山道進みます
歩き始めて20分ほどで通るこの山道は
木の根道
うわ～!! 木の根がゴツゴツー
根が
根が
土地の地質が硬いため杉の根が地中に入りにくくこういう姿になっているのだそう
木の根は踏んじゃダメらしい…

京都裏話 鞍馬のおみやげ屋さんには天狗のお面が…。ノリで欲しくなったけど「買ってどうすんの、これ!?」と我に返り、事なきを得ました…。

確か義経がここで跳躍の練習をしたんだっけ…
は、
よくこんなとこでできたな〜〜!!
ゴッゴッ
木の根道を抜けるとようやく山道も半分
やっと魔王殿まで来たー
ヒザ笑ってる
時間にして30分ぐらいだけど1時間は歩いた気分〜
ここ魔王殿は650万年前金星から地球に降り立った魔王が祀られている神聖な場所です
わ〜!!
めっちゃ瞑想中のグループが…!!
…
…
私入ったら完全に場違いだわ…
ゴクゴク〜
ここは空気を読んで外のベンチでちょっと休憩
残り半分(600メートルぐらい?)はひたすら下り!!下り!!下り〜〜!!
30分エンドレス下り…!!
下りってこんなにキツいのか〜!?
ガクガク
いたた〜
外国人の方も山歩きしてた
疲労から一時記憶が遠のく私…
ぼ〜
フラ〜
ハッ
ぐきっ
今ちょっと私ヤバかった!?
わ〜〜!! 普通の道が見えてきた〜!!
山終わった〜!!
普通の道がこんなに輝いて見えたのははじめてです…
木々の間からうっすらと…

あ〜私
1時間
歩いたんだわー
なんか達成感〜!!
ぷ
ん？
ええええ〜!?
今更〜〜!?
危険
女性の一人歩きはやめましょう
枯葉に埋もれかけ…
普通に一人で歩いちゃったよー!!
この看板
鞍馬側の入口
にも置いといて〜
私は大丈夫でしたが皆様は
どうかくれぐれも気をつけて…!!
ショックを受けつつも貴船
神社の本宮へ
知らぬが
仏って…
こういうこと？
PM3:00
貴船神社は和泉式部が参拝して
夫の愛を取り戻したことから
縁結びで人気なのだそう
キャッ
キャッ
女性グループが
多いはずだ
もちろん私も
良縁祈願〜
どうか
脱おひとりさま
できますように〜
お参りのあとは水占みくじに
挑戦
みんな神妙な
顔つき…
水占みくじとは御神水に浸して
結果を見るおみくじです
プカ〜
200円
わ〜!!
だだだ大吉〜〜!!
プカ
プカ
大吉
水占
み

京都裏話 もしひとりじゃなかったら鞍馬の山歩きは絶対おすすめです。なんか歩いてるだけでいろんなパワーをもらった気分だし、何より歩ききったあとの達成感がすごい☆

恋愛思はず早くととのふ安心せよ…!?
これはもうおふたりさま間近か～～?
本宮のあとはすぐ近くの結社にも参拝
貴船神社 中宮
結社
恋愛とかじゃなく就職や進学の縁も結んでくれるんだ～～♪
貴船神社は本宮、結社、奥宮でワンセットということで
最後は奥宮へ～
サラサラ～
本宮から奥宮までの道もステキ～♪
奥宮にある本殿もなにげにパワースポットなんだよね!!
残念ながら工事中でした…
ここはしっかりとお参りを～
奥宮では御神木の連理の杉なるものを発見
連理とは別々の木が重なって一つになることで男女の仲睦まじいことをいうのだそう
わー♡
仲良さそうな木だなー♡
これは写真に撮っておかなきゃね
ちょっと下がれば全体入るかな
スス～
……
どんだけデカいの!?
↑まだまだ上にある
ニョキ～
下がっても下がっても入りきらな～い!!
まだ下がらなきゃなのか!?
ダジャレじゃないよ
ドンッ!!
あっ
すみません
スス～
大きすぎですす連理の杉…

お!!近くに日帰り露天風呂
できるとこがある!!
貴船神社後は
貴船倶楽部にて
抹茶ラテ休憩～
ひとつ風呂あびて帰るか～
MAP
甘くておいしかった♪
今日は観光?
ハイ、鞍馬山も歩いてきたんですー
さくっとタクシー移動
実はおっちゃん源義家の子孫なんやで
フッ…
そうなんですかー!?
どや顔
和泉式部は自分も浮気しとったんやでー
えー!! それは衝撃の事実!!
さすが観光地のタクシーの運転手さん観光トークが冴えてます♪
くらま温泉
日帰り露天風呂 ¥1000
美人の湯として人気らしい!!
いいね、美人…!!
よっしゃ～!!
あああ…!! 山歩きの疲れがとれてくー!!
日帰り露天風呂選んで正解!!
で…でもっっ!!
じわ～
じわ～
気持ちよすぎて帰りたくないよー
なんで日帰りで来ちゃったの私～
このままビール飲んで寝たい～!!
山に叫ぶ…
レンタサイクルから山歩きまで… ご利益を足で稼ぎまくったパワースポットめぐりでした☆
効果カモン!!

京都裏話　鞍馬寺はおじいちゃん、おばあちゃんたくさん。貴船神社は若い女性たくさん。
山ひとつ越えると参拝客層がまったく違っててちょっと驚いた!

第三章

苦い恋の思い出をたどる

～哲学の道から京都大学へ～

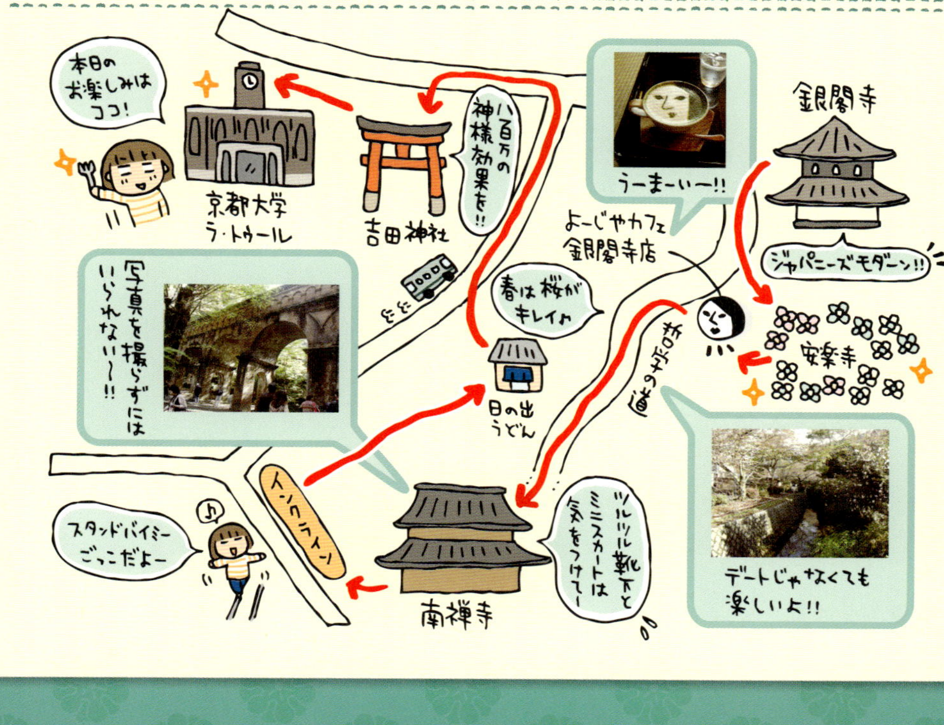

本日のひとり旅は哲学の道界隈をまわりまーす
天気も良くて旅日和～♪
AM8:30
まずは世界遺産でもある銀閣寺へ拝観料を払い御朱印を預けて
ここは預けるシステム
わ～♪
参道をてくてく
50メートルぐらいこの道が続く
旅の流れはこんな感じ
銀閣寺《ぎんかくじ》←安楽寺《あんらくじ》←南禅寺《なんぜんじ》←吉田《よしだ》神社←京都大学
ゴールがなぜ京都大学なのかはあとでのお楽しみー
♪
この参道って確か現実と浄土との結界を表現してるんだっけ
なんか背筋が伸びる道だな～
神秘的な参道を抜けたら
メインど～ん!!
銀閣
!!
向月台
ってか向月台、思ったよりでかいっっ!!
どうやって作るの!?
大人の男の人ぐらいあるー
銀閣はモダンでかっこいい…♪
窓の形がコロンとしててステキ♡
余計なものがなくていさぎいい感じ～
こんなの!!

京都裏話　砂の模様などが丹念に手入れされた庭を見るたびに「これズザザーってやる人いないのかな!?」と妙にドキドキ。

銀閣に銀箔がほどこされてないのは当時の経済事情もあったとか…
諸説あります
うんうん!!
我が家も侘寂《わびさび》!!
美容院半年行ってない
万年ユニクロ
お金ないだけじゃん!!
パンは8枚切り
食器は100円ショップ
お金かけるだけがいいってことじゃないよねー
日々節約生活送ってる私にはなんだか共感エピソード☆
銀沙灘《ぎんしゃだん》もきれいだなー
ん?
あの人何してるんだろ?
それはまさに銀沙灘をお手入れ中の庭師さん!!
おお!!
……
黙々…
そうだよな〜こんだけ美しいモノ維持するってたくさんの人の手がかかるってことだよなー
なんだか職人さんの技術にしみじみ
庭を散策してるとこんな木を発見
千代の槇《まき》
樹齢500年だそうです!!
500年も前からこの木は銀閣を見守ってたのね…
わーこれなんだー!?
しみじみ…

樹齢500年だって!! やっべー!!
超ヤベー!! まじヤベー!!
!?
若者のやばいは幅広すぎです…
大学生ぐらいのグループ
売店にておみやげも購入
銀閣寺限定
紋果 銀閣寺￥980
銀閣寺の御紋の形のお菓子
この本の編集Ｆ子さんへのお土産に〜♪
御朱印も忘れず受け取ったし
預けシステムだと忘れそうでドキドキ…
哲学の道
いよいよ哲学の道歩くぞ〜
哲学の道は哲学者の西田幾《き》多郎《たろう》が考え事をしながら歩いたことからついた名前で
日本の道100選にも選ばれている趣深い散歩道です
魚もいた!!
AM9:30
わ〜〜
うっとり…
きれいだなぁ哲学の道
…でも

京都裏話 哲学の道は狭いうえに柵とかもないので向こうから来た人とすれ違うとき水に落ちないかドキドキ…。

私にとっては苦い恋の思い出の道…
そう…あれは春の哲学の道でした…
来年もまた一緒に見ようね…
もちろんさナオコ…!!
って話した1カ月後に別れちゃったんだよね…
10年前ここデートで来たことある〜〜!!
10年たってひとり旅で再び訪れることになるとは…
ハラリ…
枯れ葉よ〜〜!!
今は初秋…
まさか10年後の自分がおひとりさまだなんてあの頃は思ってなかったな〜
ハハハ…人生ってほんとわかんないわ!!
気を取り直して安楽寺へ向かいます…
安楽寺は通常は非公開のお寺なのだけど春と秋だけ一般公開されてます
花と紅葉の時期だけってのが憎いよな〜♪
AM10:00

書院では縁側に座って
ハラリ…
まったり庭観賞☆
10年前デートで京都に来た私が桜なら今の私はさしずめ紅葉…?
アハハ〜…
紅葉だって悪くないよ、私!!
本堂では安楽寺の由来などの話が聞けちゃいます
松虫姫19歳 鈴虫姫17歳のとき尼となり仏門三昧の余生を…
ほ〜
それではご自由に近くまで行ってお仏像をごらん下さい
おお
ええ!? いいの〜〜!?
わ〜!!なんかこういうのドキドキする〜
ん?
お供え物がクッキー!!
COOKIE
意外にこじゃれてる…!!
おまんじゅうとかばっかりじゃないんだな〜
フムフム
仏様もクッキー好きなのかな♪
そんなことを考えてたら甘いものが食べたくなり…
あぶらとり紙でおなじみの…
カフェの庭見ながらお茶できます
よーじやのカフェで休憩〜

京都裏話 自然あふれる哲学の道だけあって、クモの巣が立派でほれぼれ！

注文したのはコレ♪
ほうじ茶のパンナコッタ ¥530
銀閣寺店限定 抹茶カプチーノ ¥630
くずすのもったいないなーい!!
このカプチーノ抹茶感たっぷりでおいし～!! 大人の味だわ～!!
うま～♪
パンナコッタもほうじ茶の香ばしさがひきたってたまんな～い!!
おみやげもしっかり買っちゃった～♪
限定 ゆずのあぶらとり紙
よーじやカフェ近所にあったら絶対通うわ～
ほくほく
糖分補給もすんだら
南禅寺へ
AM11:50
ん?
あれ何…?
南禅寺の三門
高さ22メートル!!
←人!!
でか～い
しかも上に人がいる～!!
これ登れるの～!?
↑私なんてこんなもん
京都三大門のひとつ!!

ってことで入口で500円払って早速登ってみることに
わぁ
この階段めちゃ急だよ〜!!
腰ひけてる
うっかり今日ツルツルの靴下履いてきちゃったけど…
これすべったら死ぬ…!!
ガクガク
あああ!! 無事登れてよかった〜!!
かーん!!
あとここ、ミニスカートだとパンツ見えると思うので皆様気をつけて…
そんな急な階段を登っただけあって
お〜!! 山も空もきれ〜い!!
空が高〜い!!
そして三門にはこんな看板も…
え〜何々?
世界に誇る文化遺産 落書きは恥ずかしいことです、南禅寺…か
ハイ、ごもっともです…
三門のあとは水路閣へ
レンガ造りのアーチがレトロで絵になる!!
ここは今でも現役で活躍している水路なのだそう
映画のロケ地としても有名〜
パシャ
しかもそばの階段を登ると水流を見ることもできます
サラサラ〜
高い場所なのに柵とかないので気をつけて〜

京都裏話 秋の京都を堪能したのだけど、行く先々で半袖の外国人観光客と遭遇。みんな寒くないの〜!?

さっきの三門といいここといい高所恐怖症の人にはドキドキスポットかもな…
さて次の場所は～
あ、あの～
蹴上《けあげ》駅ってどっちかしら!?
け…蹴上駅ですか!?
確かこの地図にはそんな駅載ってたような…
あ、これだ、これ!!
あっちのほうです～
ありがとうございます!!
いえいえ～
そういえば京都来て道聞かれるのこれで3回目…
なんで!?
こんなバリバリな観光客なのにな～!?
あれかな!? 私旅慣れてる京都通に見えちゃったかな!?
いや～まいったな～
今思えば、地図片手に歩いてたからかもしれません…
MAP
水路閣のあとはインクラインへ
インクライン
琵琶湖の水を京都に引きこむ工事の一環として造られた線路跡
線路跡
昔は船を運んでたんだって!!
蹴上駅から南禅寺にかけて約580メートルの線路跡は出入り自由なのでこんなこともできちゃいます♪
うは～!! 私いま線路の上歩いてるよ～
ひとりスタンドバイミー気分～

春は桜のアーチがきれいなんだって〜♪
春のイメージ
なぜか妄想彼氏…
春のインクラインも見てみたい〜♪
さ!! ようやくお昼〜!!
遅くなってしまった〜
ガイドブックで気になってたカレーうどんが人気の店へGO〜!!
ぐ〜
が…
日の出うどん
もう2時過ぎてるのに!!
すごい行列〜!!
ずっと向こうにも並んでるん…
さすが人気店…
ズラ〜
でもカレーうどん食べたいから待つ!!
カレーうどん大好きー!!
ぐ〜
1時間ほど並びようやく!!
わ〜〜〜!!
お待たせしました〜
日の出うどんの
特カレーうどん¥950
エプロン使われますかー?
エプロン!?
カレーうどんにつきもののアレか!!
めんどくさいし恥ずかしいし〜
ってみんなつけてる〜!!
日の出うどんのエプロン率高し!!
あ、じゃあエプロンください〜
ハイどうぞ〜
長いものにはつい巻かれてしまうタイプです
和風だしがしっかりきいててこれぞカレーうどんだわ〜!!
この甘く味つけした肉がめちゃカレーに合うよ〜!!
1時間近く並んで食べたカレーうどん絶品でした☆

京都裏話 日の出うどんの店主に本のことを話したら「マンガ描く時に役立てて」とメニュー表など資料をいろいろくださってとってもうれしかった！ありがとうございます〜☆

カレーうどんを堪能したらバス+徒歩で
吉田神社へ!!
ここは料理の神様やお菓子の神様を祀っているちょっと珍しい神社なのです
どうか適当自炊から卒業できますように〜
そして八百万《やおよろず》の神様を祀る大元宮にお参りすると全国の神社を参詣したのと同じ効果があるとか
説明
まじでか!!
吉田神社太っ腹…!!
八百万の神様〜
ナオコ38歳おひとりさまの未来をどうぞどうぞよろしくお願いします〜〜!!
吉田神社ではこんなかわいいおみくじもあったので
だるまみくじ ¥500
だるまの中におみくじが入ってる
おしりからおみくじが出てくる…
ついついチャレンジ
お〜吉だった〜
待ち人も来るし失物も出るって〜
これは早速八百万の神様効果か!?
吉田神社を出る頃には時刻も5時…
フッ…
ぼちぼち本日の旅のしめくくりに行くか…
そう…!!
京都大学でディナ〜〜♪
オホホホ〜

京都大学の中にはフランス料理のレストランがあって一般人ももちろん入店できるのです♪
京大なんて自分には一生縁がない所だと思ってたけど…
まさかディナーで来るとは…!!
当たり前だけどキャンパス内には学生が〜!!
その若さがまぶしい!!
もし私が20歳で子供産んだらこれぐらいの年の子でもおかしくないんだもんな〜
は〜〜…
自分の世間的立ち位置にしんみり…
ふと大学内の売店で元素周期表が売られているのを発見
元素周期表
H
やっぱ京大すごいわ…
一家に1枚周期表
というキャッチコピー入り!!
うちには絶対必要ない物だわ…
そしていよいよディナータイム!!
どうぞ…
あ!! すみません
みんなお金持ちに見える…
京都大学内のフランス料理レストラン ラ・トゥール
よく考えたら私人生初のフランス料理だ〜
テーブルマナーの予習ぐらいしてくればよかった〜
わわわ〜!!
ナイフとフォークって外から使うんだっけ!?
食前酒はどうされますか?
ハ…ハイ!! このブルーナイルってビールを!!
こんなとこでもやっぱりビール…
早稲田大学と京都大学が共同開発したビールらしくて
お〜いし〜♪
ゆずとコリアンダーが入っててさっぱり♪

京都裏話 京大ディナーで飲んだナイルビール。あまりのおいしさに前菜来る前に全部飲んじゃいました…。そしてメインが来る頃には2本目ぐびぐびー。

前菜
季節の根菜と帆立の貝柱のセルクル京野菜を添えて
長っ!!
ディナーはAコースに♪
前菜とメインと食後のドリンクつきで2625円!!
けっこうリーズナブルかも?
セルクルって何かわかんないけど…
帆立おいし～!! 京野菜も味がしっかりしてる～!!
メインは仔牛フィレ肉
メニュー名長いので省略…
思わず身ぶるい…
何このお肉のやわらかさ～
普段適当自炊&節約生活の私にはもう夢のような料理ばかりで…
世の中にはこんなにおいしいものがあるのか…
生きててよかった…
初フランス料理に大感動…☆
さて…食事も終わったけどこういうとこってやっぱりお会計はテーブルでいいのかな…?
それとも自分でレジに行くの…?
キョロ
キョロ
だ、誰かお会計しないかな～?
高い店はこういうことに無駄にドキドキしますね…
君お会計を
やっぱテーブルか～!!
哲学の道デートから10年…ひとり旅でこんなおいしいディナー食べる日が来るとは～
ラララ～
ひとり旅もけっこうたのしいもんだな♪
ビールとディナーのムードにすっかり酔って千鳥足での帰宅となりました☆

おひとりさまにおすすめ!

おひとりさまが気になる!

紅葉&桜スポット

オススメ紅葉編

第1位 興聖寺《こうしょうじ》(宇治)

漫画ではページの都合で描けませんでしたが興聖寺の参道の紅葉のアーチはとってもきれいで神がかってました!!

第2位 三千院門跡《さんぜんいんもんぜき》(大原)

バス停からここに至る道も
風情がありました。
歩いてるだけで心が侘寂《わびさび》♪

第3位 建仁寺《けんにんじ》(京都市東山区)

こちらも漫画には出てきませんが
潮音庭の紅葉がステキだった…!!
このお庭は四方どこから見ても
絵になるそうで確かに見事でした〜♪

気になる桜編

第1位 東寺《とうじ》（京都市南区）

五重塔をバックに静かにじっくりと桜を愛でたい♪
2011年のJRの京都キャンペーンのポスターにもなってました。

第3位 清水寺《きよみずでら》（京都市東山区）

春の夜間拝観ではライトアップされます。
考えただけでも
なんだかロマンチックですよね♪

第2位 渡月橋《とげつきょう》（嵐山）

渡月橋で時間を忘れて
桜を眺めたい!!
水の音もステキなＢＧＭに。

その他気になるこんなスポット

平等院《びょうどういん》（宇治）の藤棚《ふじだな》

藤の古木が４月末から５月初旬にかけて花開くそう。
私が行ったときは秋だったので見られず残念!!
春の平等院行ってみたい～。

鴨川沿い（京都市伏見区～左京区）

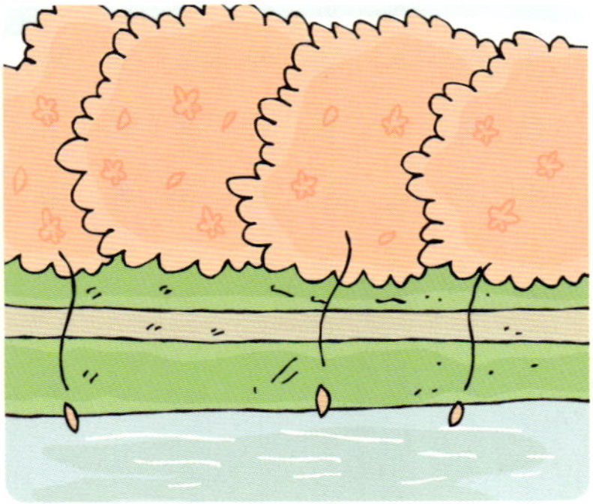

鴨川沿いは桜もきれい!!
桜を見ながらサイクリングして
お花見なんていいかも～。

梅宮大社《うめのみやたいしゃ》（京都市右京区）のつつじ

４月中旬から５月上旬にかけてが
見ごろ。つつじで一面真っ赤に
なった庭をのんびり散策したい!!

自然以外では京都国際漫画ミュージアムに行きたかったけど、時間が足りず行けなかったのがとっても残念!!　いつか必ず行きたい～!!

第四章 はんなり嵐山

～ひとり保津川下り、ぶらり街歩き～

ガイド
ブック

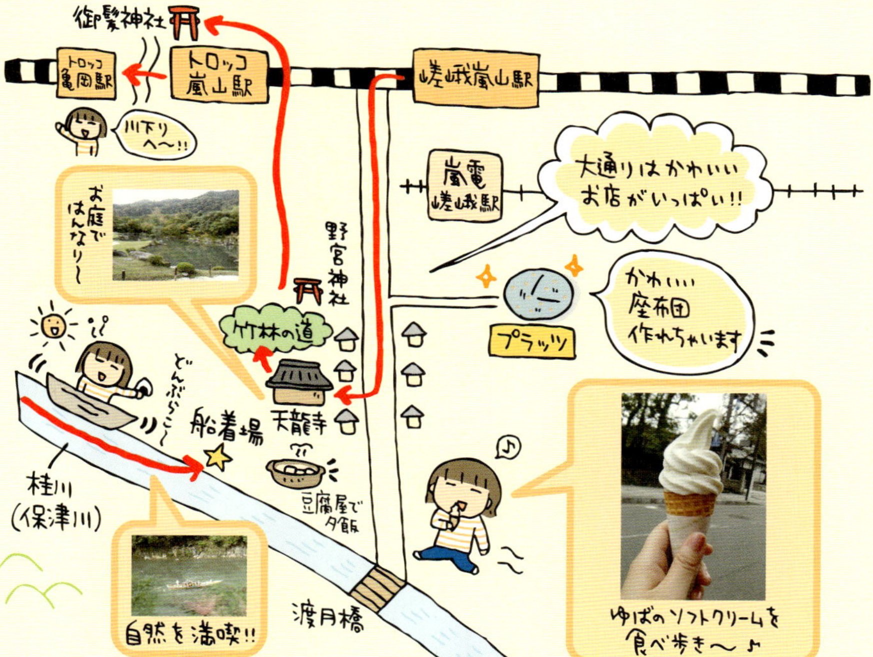
御髪神社
トロッコ亀岡駅
トロッコ嵐山駅
嵯峨嵐山駅
川下りへ〜!!
嵐電嵯峨駅
大通りはかわいいお店がいっぱい!!
お庭ではんなり〜
野宮神社
竹林の道
かわいい座布団作れちゃいます
プラッツ
天龍寺
船着場
どんぶらこ〜
豆腐屋で夕飯
桂川(保津川)
自然を満喫!!
渡月橋
ゆばのソフトクリームを食べ歩き〜♪

1日目

本日は京都でも指折りの観光地である嵐山にひとり旅でーす!!
JR 嵯峨 嵐山駅
今日の旅のスケジュールはこんな感じ
天龍寺《てんりゅうじ》
← 竹林《ちくりん》の道
← トロッコに乗る
← 保津川《ほづがわ》下り
← 嵐山《あらしやま》散策
← ホテル
ごはんは行き当たりばったりで～
嵐山って自然のイメージだけど京都駅からJR1本で来れるのがうれし～
時間も20分ぐらいだし意外に近かった～
しかしはりきって早く来すぎたために
ただいま朝8:00過ぎ…
お寺もお店もまだやってな～い!!
し～ん
しょうがない先にホテルに荷物預けに行って…
あっちかなー
あれ?
ホテルMAP
なんか橋が見えてきたけどあれってまさか…
わ～!!これが渡月橋か～～!!
バーーン
山と川がナイスビュー!!
ゴゴォ～～～ッ

京都裏話 渡月橋にはジョギングしてる人とか犬の散歩してる人とかたくさん。
ご近所の方ならばなんて素敵な景観の中での日常！

思ってたより大きい橋なのね…
観光地にありがちな「行ったら意外にこぢんまり」なパターンかと思ってたわ…
なめててゴメン!!
全長なんと155メートル!!
渡月橋はカップルで渡るときに振り返ると別れるというジンクスがあるそうです
振り返るべからず
やなジンクスだな〜
ま、私には関係ないけど〜
何度でも振り返ってやる〜!!
フフン!!
おはようございますっ!!
人力車いかがっすか!?
さわやか〜〜
朝から絶好調っす!!
ってか人力車か〜京都って感じはするよな〜
わ〜人力車だ〜
ぽわわ〜ん
絶好調って言われても!!
お、おはようございます〜
注目されすぎて絶対無理〜!!
それにこんなイケメンと二人って緊張しちゃって旅どころじゃなくなるー!!
どっすか?
私の世界にはいない体育会系イケメン…

結局断っちゃった…
そっすか!!
またよろしくっす!!
断ってもさわやかなお兄さんでした
ビビリですみません…
ホテルに荷物を預け身軽になったとこで
世界遺産の天龍寺～!!
いざ!!
AM 8:50
ズーン
いきなりダルマ～!!
ダイナミック～
中国に禅宗を伝えたインドの僧、達磨大師像だそう
大昔に描かれたとは思えないこのタッチ!!
こういうの好き～♪
曹源池庭園《そうげんちていえん》は庭の外の自然も背景として取り入れているとってもスケールの大きなお庭です
こういう見方を借景《しゃっけい》というらしい
壮大でありながらはんなり感も感じる～!!

京都裏話　どんな厳かな場所に行っても「イエーイ！」って感じで自分撮りしてる若者がいてなんかおもしろかったです。

嵐山は自然もたくさんだから
庭も絵になるのかな～
借景なんて言葉嵐山に来るまで知らなかったけど
私のDNAが侘寂《わびさび》びしばし感じてます♪
庭園のあとは雲龍図《うんりゅうず》のある法堂へ
雲龍図とは法堂の天井に描かれた龍の絵のこと
法堂は土日祝と春秋のみ入れます
500円です～
え～っと
ここかな？
ドド～ン
でか～～～～!!
!!
ハラリ…
この龍はどこから見ても睨まれてるように見えるので「八方睨みの龍」と呼ばれてるのだそう
じろり…
たしかに…
どこから見ても睨んでる～～!!
ササッ
こんな生き生きとした龍の絵を見ていると…
ほんとに龍が存在してるような気がしてくるなー

この時たまたま法堂には私しかいなくて…
つい時間を忘れて龍に見入ってしまいました
朝の光がこれまたいい感じ
ぼ〜っ
静かで空気もピンとはりつめてて
ぽや〜ん
神々しいパワー感じたな〜〜♪
おみやげにこんなの購入〜
ダルマの目が出る根付け 500円
あぶらとり紙 320円
ついついダルマものばかりになっちゃいました
天龍寺のあとは竹林の道
京都市の歴史的風土特別地区に指定されてるそう
竹林が100メートルも続くとっても自然あふれる道です
人はたくさんなのに不思議と幻想的な感じがする…
わあぁ…

京都裏話　御朱印は預けシステムのとこが多くて、つい帰りに忘れそうになる。実際そういう人も多いみたいで後から「送ってください」って連絡が入ることもあるとか。

さっきの雲龍図が神の静けさならこっちは自然の静けさだなー
ん〜‼
竹林パワー注入しとこ〜‼
そして道すがら野宮《ののみや》神社に寄ってみることに
なんと日本最古の様式の鳥居なんだそう
ここは良縁や子宝や学問などの神様が祀られてるのだとか
AM9:45
縁結びでも有名な野宮神社…
メラメラ〜
となればやることはひとつ…
えんむすび
進学祈願
絵馬で良縁祈願‼
王朝ロマンあふれる絵馬は500円〜
良縁
野宮神社
おひとりさま脱出目指して
お願い事書こ‼
え〜っと…結婚できますように…？
いや、そもそも彼ができますように……？
神様あてなのになんか軽すぎなーい⁉
お願い事っていざ言葉にすると難しい〜〜‼
ごめんなさい‼みなさんの絵馬参考にさせてください〜
良縁祈願
ってことで他の人のをカンニング

何々?ずーっと一緒にいられますように?
なんだカップルか〜
○○くんとラブラブになれますように、か〜
これは具体的すぎるしなー
同じく何書いていいかわからずカンニングしてる男子高校生が…
う〜ん!! 私はシンプルに行こ!!
ステキなパートナーにめぐりあえますように
フカザワナオコ
コレでどうだ〜〜
野宮神社ではこんなものも発見
神石(亀石)
願いながらなでると1年以内に願いが成就されるそう
ど、どうか1年以内にパートナーを〜
ひぃ…
全身全霊でお願いするアラフォーおひとりさま…
ダメ押しで神殿御守も購入…
フロッピーディスク型の卓上神殿 1000円
これだけお願いしたらなんかいいことあるでしょー
そして竹林の道を抜けるとトロッコ嵐山駅に到着
ここからトロッコに乗って川下りしに行くのだ!!
さてチケット買ったはいいけど、トロッコ来るまで30分あるし…
ん?
御髪神社
へ〜こんな神社あるんだ〜
御髪《みかみ》神社はその名のとおり髪の神様らしく…

京都裏話 御髪神社にお参りした翌日、髪がいつもよりまとまりよかった。気のせい!?

寄付した人の名前が入ってる柱みたいなのが見事に髪関係!!
すごいな御髪神社!!
株式会社リーブ21
株式会社アートネイチャー
ヘアーサロン○○○
一生ハゲませんように…フサフサでいられますように…
つい見ちゃう~
絵馬も髪関係のことばっかりだわ!!
私もお願いしとこ!!
くせ毛が治りますように~!!
ストレートパーマかけろって話ですが
そしていよいよトロッコ嵐山駅からトロッコに乗り込み出発!!
窓ないからすごい開放感~!!
車掌さんのガイドつき
ゴオオオ~~
おおお~!!
絶景~!!
ゴオオ~~~ッ
んん? 船?
これから乗る川下りのやつかな?
ゴオ~~

わ〜!!
おーい
みんなトロッコに向かって手振ってる〜〜!!
トロッコの乗客もみんな振り返す
わー
こういうのなんか好き♡
わー
ひとり旅だとこんなちょっとしたことにグッと来ちゃいます…
じ〜ん
車掌さんの歌声が聞こえて来たら終点の亀岡駅もすぐそこ
民謡?→
うんにゃ〜
もしかして車掌さん歌ってる!?
!?
トロッコを降りたら保津川下りの乗船場までバスで移動します
保津川下りは竿一本で静かな流れから急流まで約16キロの川下りを2時間ほどかけて楽しむというもの
乗船券売場
トロッコ嵐山駅で買った川下りのチケットを見せる
あとは自分の番号呼ばれるの待つだけか〜
私は80番〜
もうお昼だし今のうちにおにぎりでも食べておこーっと
もちろんビールも♡
おにぎり 000円
78番、79番、80番、81番のお客様はご乗船ください
ええ!? もう
1000
わ〜!! 思ったより早かったー!!
平日だったので早かったよう
おにぎり食べれず〜!!

京都裏話 トロッコの係の人に「こないだ、このトロッコが舞台のサスペンスドラマ放映されてましたね」と話したら「そうなのよー！」ととても楽しそうに話してくださった。

バタバタしつつも救命胴衣を身につけたら
保津川下りスタート!!
スーーッ
船頭さんは前に2人で後ろに1人かー
ガイドもしてくれるんだなー
ギーコ
ギーコ
紅葉にはまだ早いけど…
緑の葉っぱと少しの紅葉のコントラストがいい感じ♪
ゴオー
ぐぅぅぅ〜
おなかすいてたの忘れてた〜!!
※船上は飲食OK
キョロ
キョロ
流れがゆるやかなうちにおにぎり食べとこ!!
ん〜!!めちゃくちゃおいしい!!
景色もいいし最高〜
ゴオオオー

自然の中で食べるおにぎりってこんなにおいしかったのか～
なんてことない売店のなのに……
ハッ
この自然いっぱいの中　船にゆられておにぎりほおばって……
ザザーーッ
……
これって実はすっごい贅沢なシチュエーションなのかも…
そうか～!! そうだったのか～!!
ナオコ感動～!!
?
このときのおにぎりの味は忘れられないものとなりました
そして私の感動を打ち消すかのように……
杉の木の山見えるでしょ?
あの下の杉の木は太りスギ!!
なんちゃって!!
まさかのダジャレガイド!!
もちろん川下りの定番激流はスリリング!!
バッシャーン
専用のカバー有り
あの岩の名前はライオン岩ねライオンによう似とるやろ?
なにげにドヤ顔
想像力をかきたてられる岩もたくさんです
あ、鳥だ
スーッ

京都裏話　保津川下りの船頭さんはわざと川に落ちるふりしたりで、なかなかのパフォーマンス能力でした！

あら!! 鳥
かわいいわね!!
ハ、ハイ!!
ほんとに～
親子かしらねー
ですかね～
ス～
こんな何気ない
会話にも
心いやされます
みなさ～ん!!
トロッコが
通ってますよー
ゴォー
さぁ手を振りましょ～!!
あのお客さんたちが
川下りしようかな
って思って
くれますから
ご協力くださーい!!
ええ!?
ワハハ
ドッ
…ってことは
ガーーン
さっき私がトロッコから見た
あの光景って
営業の一環だったの!?
でも川下り
おもしろいから
おすすめ!!
内心ショックながらも
しっかり手を振りました…
わー
わー
食べ物を売る屋台の船が来たら
屋台なんて
来るのか～!!
いか焼き
あるよー
そろそろ川下りも終了
さようなら!!
ありがとう
ございました～
娘さん

もう午後だから嵐山の町も人たくさーん!!
PM3:00
朝とはまた違う町みたーい
みんな食べてておいしそうでつい買ってしまったコロッケ♡
お!! なんかかわいいお店発見!!
そこはプラッツという座布団屋さん
わ〜!! かわいい座布団いっぱい!!
あ〜!! かわいい座布団で仕事したいっ
でもいま買うと荷物になるかな〜
ん〜…
そういえば仕事中座ってる座布団がもうボロボロ…
クッション材がぽろぽろ出てくる
もう限界〜
新しいの欲しいな〜
と、思ってたらなんとオーダーメイドができて後日発送とのこと
店内にある座布団から形と布を好きに組み合わせできますよー
1週間ほどでお送りしますー
え〜〜!! そうなんですか!?
オーダーメイドします!!
わ〜!! すっごい種類あるからこれは迷う…!!
う〜ん
この形ならあの布だけどその形もいいしな〜
キリがな〜い!!
この形でこの布で〜!!
インスピレーション信じてコレにする〜

京都裏話 ベンチで休憩してたとき、隣の人がずっと携帯で「すみません！すみません！」と謝ってて仕事のクレーム処理に追われてた様子。旅先でもおつかれさまです…。

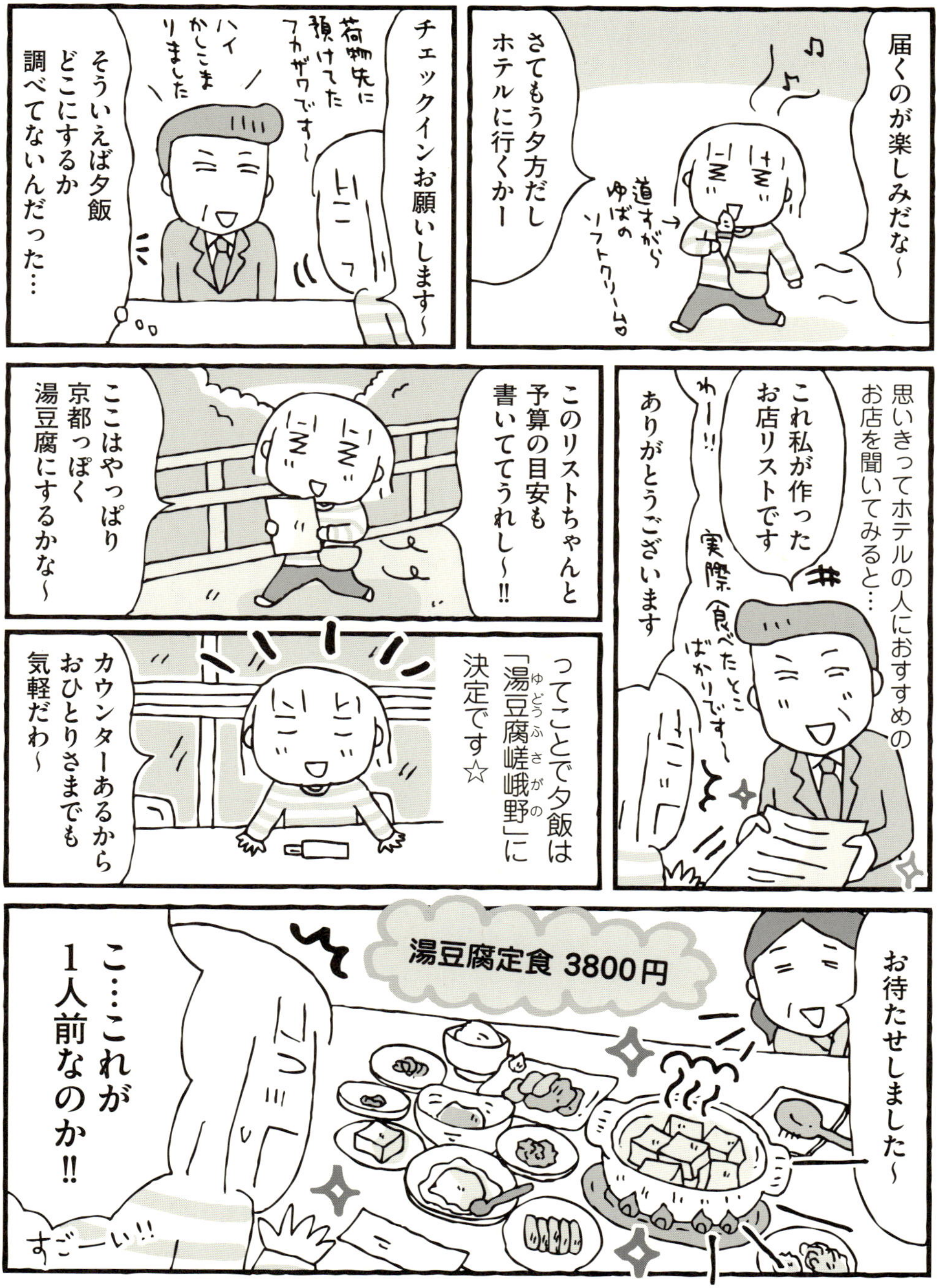

届くのが楽しみだな～
道すがら ゆばのソフトクリーム
さてもう夕方だし ホテルに行くかー
チェックインお願いします～
荷物先に預けてたフカザワです～
ハイ かしこまりました
そういえば夕飯 どこにするか 調べてないんだった…
思いきってホテルの人におすすめの お店を聞いてみると…
これ私が作った お店リストです
実際食べたとこ ばかりです～
わー!!
ありがとうございます
このリストちゃんと 予算の目安も 書いててうれし～!!
ここはやっぱり 京都っぽく 湯豆腐にするかな～
ってことで夕飯は 「湯豆腐《ゆどうふ》嵯峨野《さがの》」に 決定です☆
カウンターあるから おひとりさまでも 気軽だわ～
お待たせしました～
湯豆腐定食 3800円
こ…これが 1人前なのか!!
すご～い!!

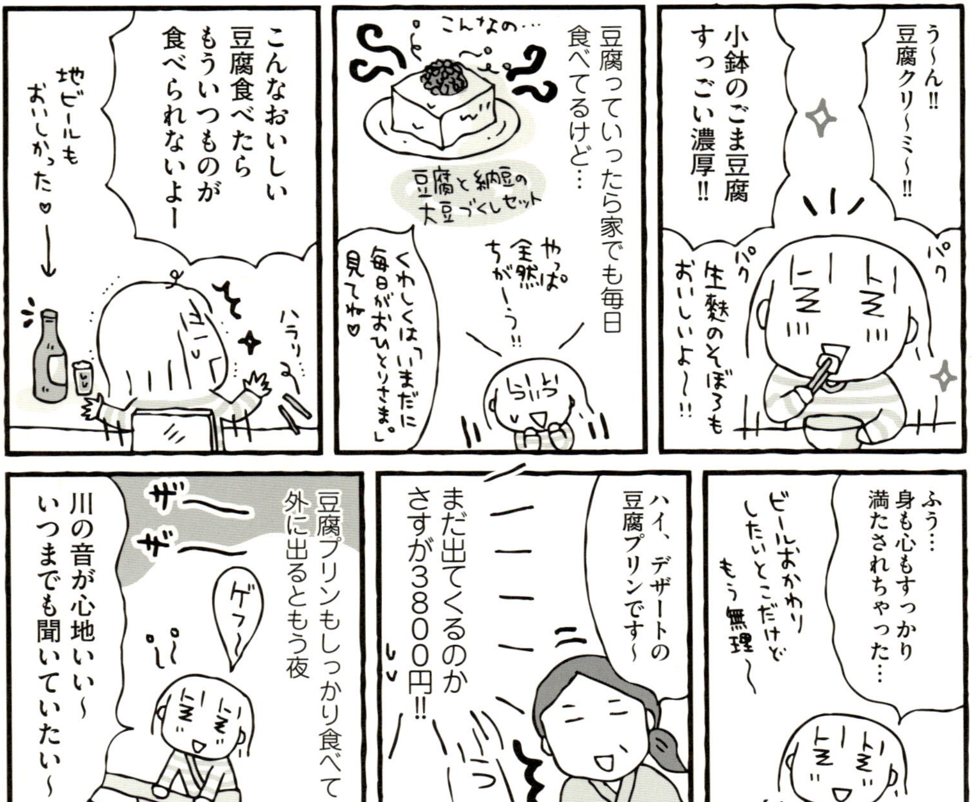
うーん!! 豆腐クリ〜ミ〜!!
小鉢のごま豆腐すっごい濃厚!!
パク
パク
生麩のそぼろもおいしいよ〜!!
豆腐っていったら家でも毎日食べてるけど…
こんなの…
豆腐と納豆の大豆づくしセット
やっぱ全然ちが〜う!!
くわしくは「いまだに毎日がおひとりさま。」見てね♡
こんなおいしい豆腐食べたらもういつものが食べられないよー
地ビールもおいしかった♡
ハラリ
ふう…身も心もすっかり満たされちゃった…
ビールおかわりしたいとこだけどもう無理〜
ハイ、デザートの豆腐プリンです〜
まだ出てくるのかさすが3800円!!
豆腐プリンもしっかり食べて外に出るともう夜
ザー
ザー
ゲフ〜
川の音が心地いい〜いつまでも聞いていたい〜
嵐山ほんといいとこだな〜
自分はそんなに自然大好きってタイプだと思ってなかったけどそんなことないのかも…
は〜♡
ザ〜…ッ
あれっ!? これって私も年とって自然にいやされるようになったってこと!?
ガ〜ン!!
ザ〜
ザ〜
そんなことを思いつつ嵐山の夜は更けていくのでした☆

京都裏話 湯豆腐定食食べたとき、湯豆腐にだし用のこんぶが入ってた。いつもなら食べるんだけどちゃんとしたお店だし、なんかマナー的にどうなのかわからず結局残す…。

第五章 おひとりさま舞妓になる!?

～祇王寺、広隆寺、映画村～

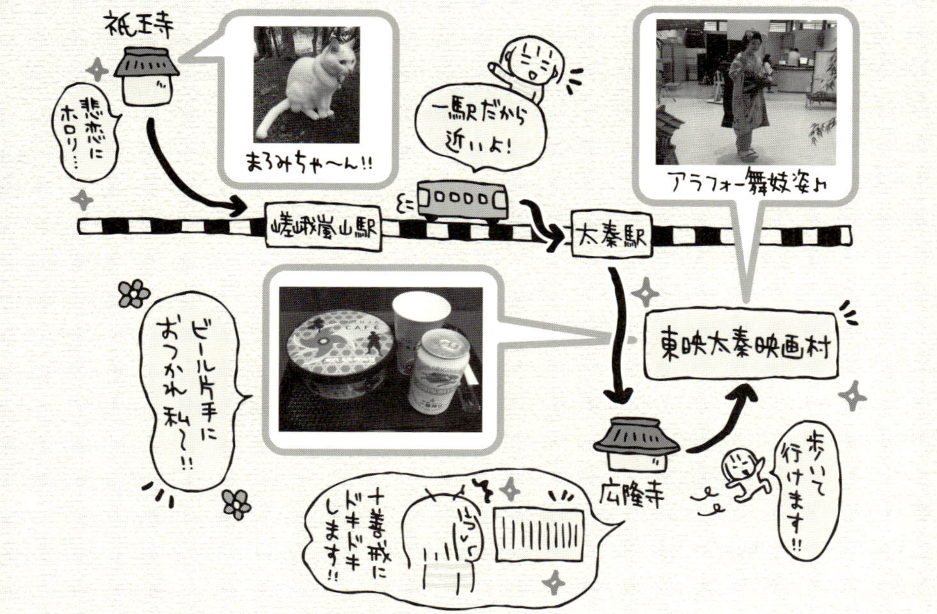

祇王寺
悲恋にホロリ…
まろみちゃ〜ん!!
一駅だから近いよ!
アラフォー舞妓姿♪
嵯峨嵐山駅
太秦駅
東映太秦映画村
ビール片手におつかれ私〜!!
広隆寺
歩いて行けます!!
十善戒にドキドキします!!

2日目

嵐山2日目~!!
さ~今日も旅するぞ~
ガバッ
ホテルの朝食を食べたら
チェックアウトお願いしまーす
いよいよ出発
今日の旅の流れはこんな感じで行ってみようと思います
祇王寺《ぎおうじ》←太秦《うずまさ》に移動←広隆寺《こうりゅうじ》←東映太秦《とうえいうずまさ》映画村《えいがむら》
ここまで嵐山
ってことでまずはバスに乗って祇王寺に向かいます
祇王寺はガイドブックでもそれほど大きく紹介されてないけど
ここだここだー
今回の嵐山でどうしても行きたかった所のひとつ
AM9:00
なぜならここは言わば平安時代のおひとりさま的スポット…!!
こ、これは行かねばでしょ!!
ナオコ38歳おひとりさま!!
祇王寺悲恋物語
平清盛と付き合ってた祇王…
だけど彼の心変わりから傷心の末
母と妹と共に移り住んだ尼寺が
まさにここ祇王寺…
白拍子(舞を演ずる人)だった祇王
by平家物語
※あくまでも私解釈です
しかも平清盛が心変わりした相手の仏御前も後に無常を感じ尼になって祇王のもとに来たというエピソードがこれまたせつないです…
いつの時代も失恋ってつらいな~
ってかここの庭ステキ~
苔が見事~!!

京都裏話　ガイドブックなどでずっと見てた神社や名所が目の前にあると「ほんとに来たんだなー」とひとりしみじみ☆

庵内の仏間には平清盛、祇王、母、妹、仏御前の木像が安置されています
平清盛
むむむ〜!! 平清盛め〜
境内にある祇王の墓の隣には
平清盛
祇王
平清盛の供養塔も…
別れた人と並んで祀られるってどんな気持ちなんだろ…
私だったら絶対嫌だけど…
こればっかりは祇王にしかわからない気持ちなのかな…
なんだか祇王の悲恋にしんみりしてたのですが
ズーン
…
あ!!
ニャ〜
祇王寺の人気猫まろみちゃん
猫!!
こっち向いて〜♡
おじさんも夢中
全然動じない利口な猫
すっかり猫にいやされてしまいました☆
祇王寺をあとにしたらJRで嵯峨嵐山駅から太秦駅へ
JR 太秦駅
1駅なのでラクラク〜♪
住宅街を15分ほど歩くと
広隆寺到着〜〜!!
AM11:00

ここは国宝の
弥勒《みろく》菩薩《ぼさつ》像《ぞう》が
有名で
ぽわ〜ん
どんなかな〜♪
その美しさは
東洋のモナリザと
呼ばれているのだ
そうです
さて東洋の
モナリザに
会いに…
ん？
ガヤガヤ
どわ〜!!
わはは！
ハーイ
みんな
こっちね〜
修学旅行生とかちあってしまった〜
ざっと見て
40人は
いる!?
しかも他に参拝者いないから
完全に40対1〜!!
え〜!? 参道で
集合写真撮り
始めちゃったよ!?
ハイ
並んで〜
いま歩いて行ったら
確実に私の後ろ姿が写っちゃう…!!
しょうがない…
境内の木でも撮って
時間稼ぐか…
あーもう!!
パシャ パシャ
京都まで来て何やってるんでしょう…
そして彼らの集合写真タイムも
終わったところでやっと拝観受付へ
御朱印も
お願いしまーす
え〜っと弥勒菩薩像が
祀られてる新霊宝殿って
こっちかな？
んん？ あれなんだ？

京都裏話 修学旅行の引率中らしき先生グループがぐったりした様子で休憩しているのを目撃。
先生も大変だなー。

何々？ 十善戒？
十善戒
十の善き戒め
不殺生 生きものを殺しません
不偸盗 ものを盗みません
それは人としてやってはいけない戒律が10個書いてあり…
うそいつわりを言いません
たわごとを言いません
人の悪口を言いません
いかり憎むことをしません…か…
ブツ
ブツ
どれも当たり前だけど改めて問われるとドキッとするな～
あ～!! 私は果たして胸はれる毎日送れてるかな～!?
飲み会で毒吐きまくってるしな～
自問自答しながらも新霊宝殿に到着です
高貴なたたずまいの中にも
そこはかとなく漂ってくる慈しみの心…
おお～!!
これが東洋のモナリザ!!
国宝とかよく知らない私にも伝わってくるよ!!
只者じゃない国宝オーラが～!!
シャキー!!
弥勒菩薩像の前には座ってお参りできるスペースがあり
熱心にお参りしている女性の姿が印象的でした
…

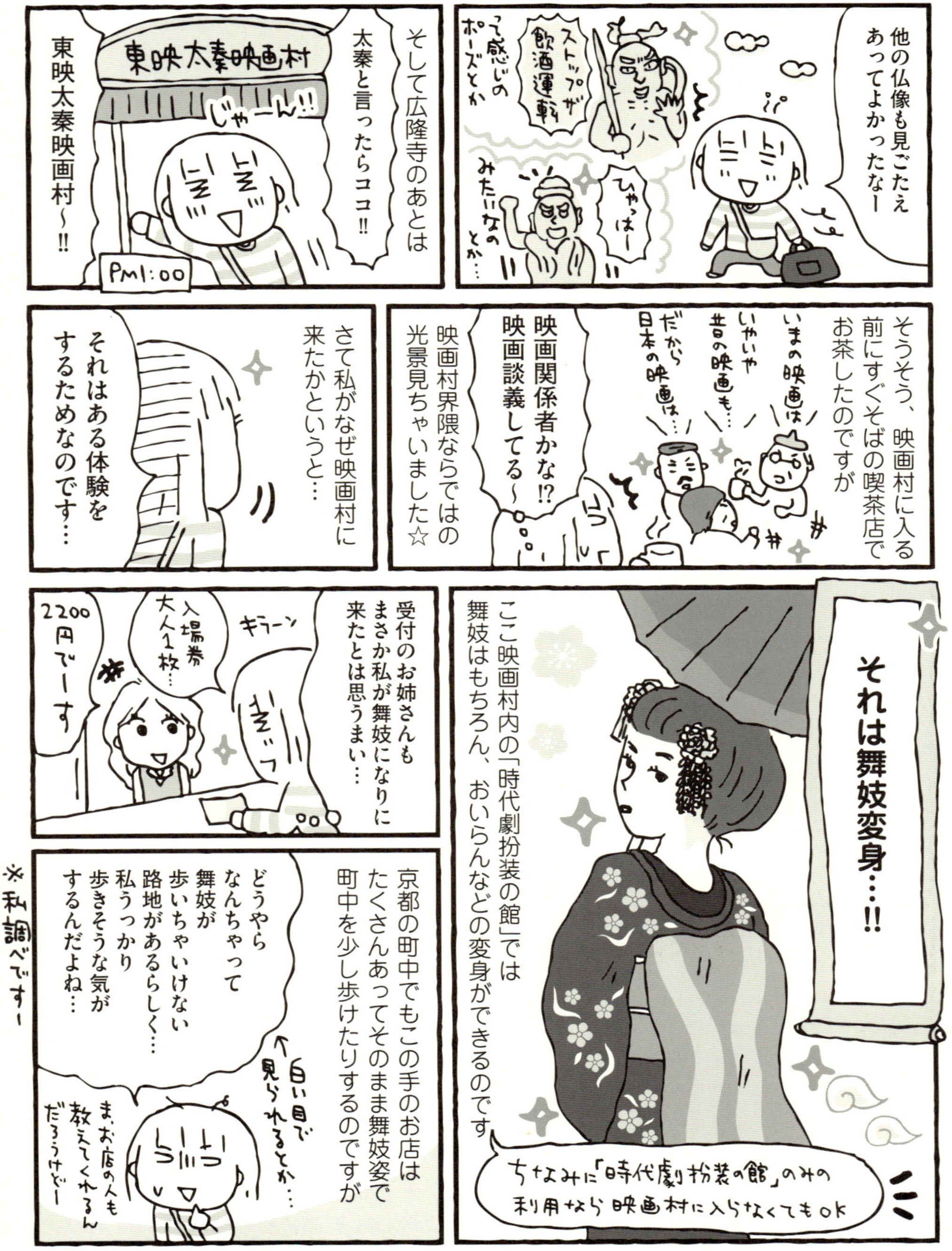
他の仏像も見ごたえあってよかったなー
ストップザ飲酒運転って感じのポーズとか
ひゃっはーみたい!!なのとか…
そして広隆寺のあとは
太秦と言ったらココ!!
東映太秦映画村
じゃーん!!
東映太秦映画村〜!!
PM1:00
そうそう、映画村に入る前にすぐそばの喫茶店でお茶したのですが
いまの映画は
いやいや昔の映画も…
だから日本の映画は…
映画関係者かな!? 映画談義してる〜
映画村界隈ならではの光景見ちゃいました☆
さて私がなぜ映画村に来たかというと…
それはある体験をするためなのです…
それは舞妓変身…!!
ここ映画村内の「時代劇扮装の館」では舞妓はもちろん、おいらんなどの変身ができるのです
ちなみに「時代劇扮装の館」のみの利用なら映画村に入らなくてもOK
受付のお姉さんもまさか私が舞妓になりに来たとは思うまい…
キラーン
入場券大人1枚…
2200円でーす
京都の町中でもこの手のお店はたくさんあってそのまま舞妓姿で町中を少し歩けたりするのですが
どうやらなんちゃって舞妓が歩いちゃいけない路地があるらしく…私うっかり歩きそうな気がするんだよね…
↑白い目で見られるとか…
ま、お店の人も教えてくれるんだろうけどー
※私調べですー

京都裏話 買い物したときにお店の人から「おおきに〜。」と言われるとすっごくきゅんと来る！

ってことでそういう心配のない映画村での変身をチョイスしたのです
時代劇扮装の館
小心者ってやだわ〜
早速受付で舞妓変身と撮影の申し込み
舞妓変身12000円
写真撮影6000円
写真はいろんなサイズ&料金あり
こちらに記入を〜
※混んでいることもあるので予約して行ったほうが確実かも
まずは更衣室で浴衣に着替えます
ブラとパンツはつけたままでオッケーなんだって〜
が、しかし…
浴衣がうまく着れな〜い!!
どうやって着るの〜!?
ガーン!!
ズル
ズル
もちろんちゃんとスタッフの方が直してくれるので
テキパキ
す、すみません…
私みたいな人でも大丈夫です…
でこ出たー!!
カツラの下はこうなっているのか〜
そんなこと考えてるうちにさくさくメイク準備は進む
いざメイクへ!!
わー!!メイク道具たくさーん!!
こちらへ座ってくださーい
まず顔に塗られたのはなんとピンク…!!
モノクロページですがイメージしてごらん下さい…
舞妓さんの下地ってこんな色なのか〜〜!!

これが不思議なことに上に白を塗っていくと…
おお♡
まさしく舞妓さんの肌の色になった～!!
そしてこの時メイクしてたのは私だけではなく…
チラッ
チラッ
隣の彼女は何になるのかな～?
あのメイクは舞妓って感じじゃないよな～
あ、次の準備に行っちゃった…
隣が気になってる間にメイクは完了
カツラをつけ飾りもつけ…
ハイ完了でーす
ハイ～!! 首から上だけ舞妓誕生～～!!
うは～～～!!
じゃらじゃら～
更衣室に移動したら
自分の舞妓メイクが見慣れなさすぎて…
すっごい違和感…
じゃ始めますね～
いよいよ着付け
バッ
バッ
オーノー!!
着物に着替えるためとは言え何この姿～～!!
上は舞妓でブラとパンツのみ!!
←慣れてる
これってちょっとした罰ゲーム…!!
ひぃぃ～!!
私の動揺もよそに着付けはスピーディーに進んで行き…

京都裏話 舞妓写真が出来る間に入った浮世絵館（映画村内にある）がとってもよかった。
浮世絵なんて興味もったことなかったけど、ひとつひとつに見入ってしまった！

着付け完了〜!!
どか〜〜!!
すごいことになった〜!!
ど〜〜〜ん
う、うん…確かにこれは舞妓だわ
でも顔のパーツとか持ってる雰囲気とかやっぱり私なので変な感じです…
そ…それに…
くいっ
さっきからうすうす気づいてたんだけど…
舞妓メイクってアラフォーな肌がめちゃくちゃ目立つ…!!
毛穴とか肌質とか法令線とか〜
ガーン!!
舞妓変身って20代のうちにやっておくのがいいかもね…
そんな現実をひしひしと感じながら撮影スタジオへ…
こちらへどうぞ
撮影スタジオに行くと先客が撮影中
あ!!
さっき隣でメイクしてた彼女だ!! 十二単だったのね〜!!

変身ってけっこういいお値段するから選ぶのも真剣なはず…
彼女の十二単への思い入れはなんだったのかしら…?
ん〜…
フカザワ様お待たせいたしました〜
スタジオは十二単から舞妓仕様になり
あの塔ハリボテ!!
カ〜!! ぐらぐら〜!!
私もぽっくり下駄履いて準備
着物はこう持って〜
こうですか!?
ハイ!! じゃ撮影しますね〜
あ〜体が後ろに反ってるからもっと前かがみで〜
体もう少しこちら向きで〜
ハ…ハイ… できるなら私もそうしたいのですが…
このぽっくり下駄で前のめりになったら…
カシャッ
絶対大惨事起きる〜!!
前がカーブになってる
全神経すりへらして撮影は無事終了…
プル
プル
今夜は筋肉痛間違いなしだわ…
おつかれさまでした〜
このまま映画村へ散策に行かれますか〜?
そう、ここは一部衣装を除いてほとんどの衣装がそのままで1時間ほど映画村内を散策できるのです
映画村への入場料払った人のみ

京都裏話 映画村では芸者姿でベビーカー押してる人発見！ きっと変身体験やった人なんだろうけどベビーカーに乗ってる子供がきょとんとしてるのがおかしかった☆

も、もし一人で舞妓姿で映画村歩いたら…
めっちゃ注目!!
わー舞妓だー!
イメージ
うっうわ〜!!
あ、いや!! もう満足したのでいいです!!
あ、そうですか〜
ちょっともったいない気もするけど…
ああ〜どんどん舞妓じゃなくなる〜
慣れない着物やメイクでけっこう体力消耗したしな〜
衣装を脱いだらメイク落としルームへ
おおっ!!
たっぷり〜
容器にこんなにクレンジング入ってる光景はじめて見たわ…
落としても落としても肌色見えず〜!!
アイメイク落ちなーい
先生に怒られる〜
修学旅行と思われる高校生たちに混じりつつせっせとメイクを落とし…
おお〜♡
いつものすっぴんの私〜!!
ぬぐったティッシュが山のよう…
変身と撮影にかかった時間はトータルで1時間ちょいぐらいのことだったのですが…
ああ…
なつかしい旧友に再会した気分…
そして浴衣から服に着替え持参したメイク道具で化粧して
ハイ!! 舞妓からおなじみの姿に戻りましたー
身軽〜

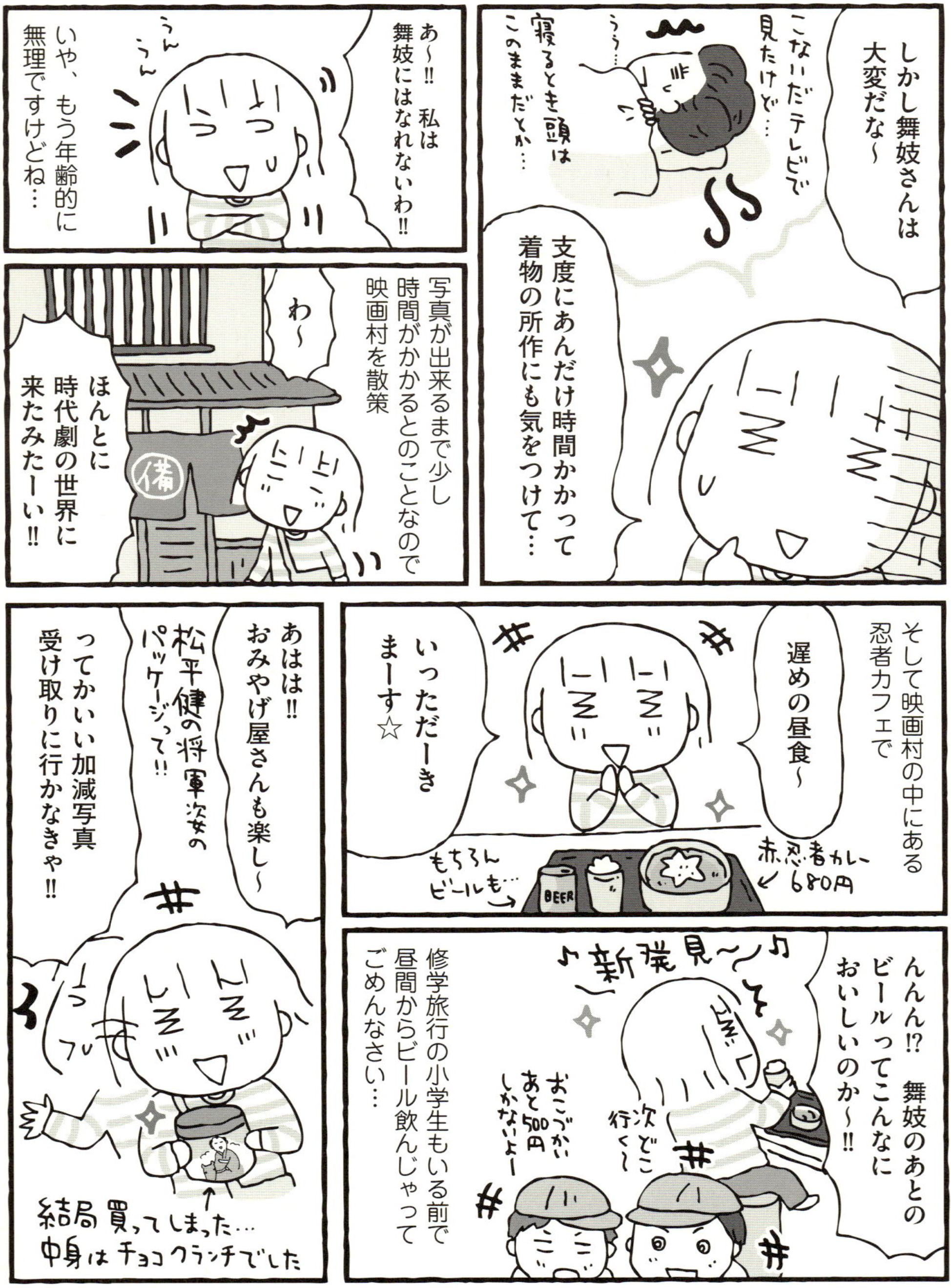

しかし舞妓さんは大変だな～
こないだテレビで見たけど…
うぅ…
寝るとき頭はこのままだとか…
支度にあんだけ時間かかって着物の所作にも気をつけて…
あ～!! 私は舞妓にはなれないわ!!
うんうん
いや、もう年齢的に無理ですけどね…
写真が出来るまで少し時間がかかるとのことなので映画村を散策
わ～
備
ほんとに時代劇の世界に来たみたーい!!
そして映画村の中にある忍者カフェで
遅めの昼食～
いっただーきまーす☆
赤忍者カレー 680円
もちろんビールも…
BEER
んんん!? 舞妓のあとのビールってこんなにおいしいのか～!!
♪新発見～♪
修学旅行の小学生もいる前で昼間からビール飲んじゃってごめんなさい…
次どこ行く～
おこづかいあと500円しかないよー
あはは!! おみやげ屋さんも楽し～
松平健の将軍次女のパッケージって!!
ってかいい加減写真受け取りに行かなきゃ!!
結局買ってしまった… 中身はチョコクランチでした

京都裏話 忍者カフェでごはん食べてたら、小学生がお店の人に「20円で買えるものってありますかー？」と聞いてた。なおかつそれに丁寧に答えてたお店の人素敵。

おおきに〜
わ〜気になる〜!!
どうも〜
ペラッ
写真になると更に舞妓っぽーい!!
ちょっと老けてるけども!!
!!
それにあのはりぼての塔が意外にいい仕事してる!!
ちょこん
とてもはりぼてとは思えないしっくり感!!
さすが映画村のスタジオ…
ちょっと高いかなーって思ったけど頼んでよかったわ〜!!
それからというもの
こないだ京都行ってきてさ〜
フフ♡
私の舞妓写真見る?
えー!?
何それ!?
また自慢してる〜
家に誰かが遊びに来るとここぞとばかりに舞妓写真披露しております☆

おみやげ いろいろ買いました

ごほうび系

たまには自分にちょっといいおみやげを!!
思い出にも残りますー

大原で買ったおはし

¥2800

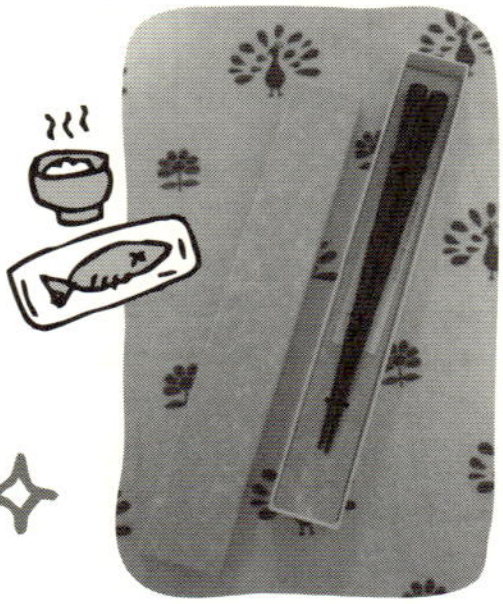

黒檀・紫檀という木で作られたおはし。使ってるうちにツヤがなくなったらオリーブオイルをつけた布でふくといいそうです。毎日これでごはん食べてます～♪

嵐山でオーダーメイド♪

座布団 ¥4500

送料込み

嵐山の座布団屋さんプラッツでオーダーメイドして購入ー。送料込みでこの値段はうれしい。コーヒー豆みたいな柄が気に入ったのですがあとで調べてみたら「小手鞠」の柄だそう…。そうだったのか～!!

もっと買ってくればよかった系

大原にてゆずのピール

さわやかかつ甘くておいしー♪

これ、めーちゃくちゃおいしかった…!! 帰ってきてから仕事のおやつに食べたのですが、どうしてもっと買ってこなかったのか激しく後悔…。ゆずのさわやかさにいやされました♪

おもしろ系

ど～ん!!

チョコクランチ

京都の名所などがカードになってるもの 写真がちょっと古めなので レトロでいい♪

京都全集

松平健の将軍様がまぶしい！ ジャケ買いならぬパッケージ買いです。友達へのおみやげにしました。

どちらも東映太秦映画村にて～

身だしなみ系

何はなくとも…
あぶらとり紙!!

限定だったゆずバージョン

よーじやで購入

ハンドクリームもありました♪

ペカ〜

京都御所にて。金ピカパッケージでなんだかありがたい気分に…。

↑宇治のお茶屋さんにて

天龍寺のダルマがど〜〜ん!! 化粧直しのたびにダルマと目が合います…。

女友達へのおみやげにはやっぱあぶらとり紙がいちばん活躍しました〜

神頼み系

姪っ子や友達の子供にはこんなお守りを!

市比賣神社にて↓

女人ってすごい言葉だな…

このポーズがなんかツボだった…!!

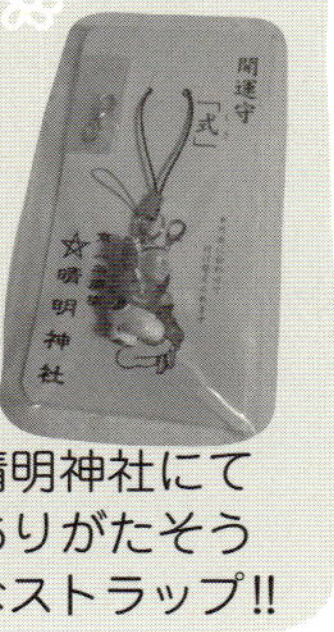

晴明神社にてありがたそうなストラップ!!

定番系

八ツ橋ものは鉄板!!

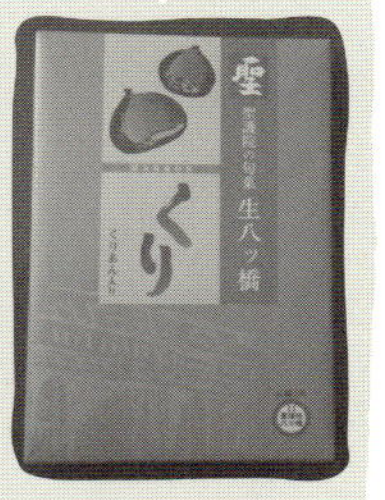

お茶ものいろいろ

京都といったら八ツ橋かお茶ものかって感じです。世代問わずおみやげとして喜ばれました──。

京都で失敗しました

旅してるといろいろ
やらかしちゃうものですね…

京野菜のトラップにはまった!!

宇治で夕食を食べたとき「海老芋と淀大根の盛り合わせ」なるものを海老と大根のサラダと思って注文。

里芋と大根の炊き合わせ…⁉
しかも海老なんて入ってないし…!!

どうやら海老芋とは里芋の一種の京野菜だそう…。上品な味でおいしかったけどやられた〜!!

これなんて読むの?

京都でおなじみの鉄道の嵐電(らんでん)。

えっとー あらでんに乗って〜
うん うん
MAP

どうしても「あらでん」って読んじゃう…。

有名店は予約がマスト!!

道中ごほうびに高級すき焼きで有名なお店に行くも…

すみません〜 予約でもう一杯で…
ガ〜ン

私のひとり高級すき焼きは幻となりました…。

高級すき焼き食べたかった〜!!
いつかリベンジ!!

旅の恥はかき捨てとは言うけど
気づいてないだけで
まだまだ失敗してたのかも⁉
ギャ〜!!

第六章 女ひとり自分探しの旅

～いやしの里、大原にて～

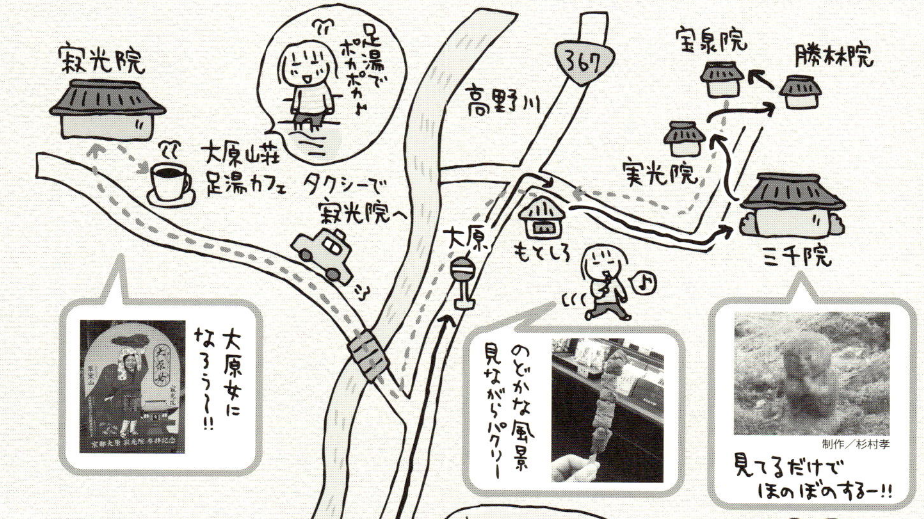

本日は大原にやって来ました
もとしろで紙すき体験 ← 三千院《さんぜんいん》 ← 実光院《じっこういん》 ← 勝林院《しょうりんいん》 ← 宝泉院《ほうせんいん》 ← 寂光院《じゃっこういん》
スケジュールはこんな感じ〜
お〜!!
のんびり〜
AM10:00
大原がこんなのどかな所とは恥ずかしながら知りませんでした
というのも私の中での大原は
京都〜大原三千院♪
この曲に尽きます…
子供の頃はやってたこの曲
京都〜大原三千里♪
!?
ナオコ小学生
編集F子さんもそうだって!!
まだ子供ゆえに母をたずねて三千里とごっちゃになってたのもまた思い出…
大原行くにあたって曲のこと調べたら
デューク・エイセスってグループの「女ひとり」という曲でした
うんうん
まさにこのおひとりさま旅にぴったり!!
さすが大原、歌碑もあった!!
「女ひとり」京都 大原三千院 恋に疲れた女がひとり…
こんな歌詞
女ひとり
わ〜!!
しかもこんなせつない曲だったなんて〜!!
はっ!!
恋に疲れた女がひとりか…最近めっきり疲れるほど恋もしてないけどしんみりしちゃう…
京都〜大原三千院〜
頭ん中このメロディぐるぐるしたまま旅スタートです

京都裏話　もとしろのお店の前には、紙の原料になる、楮（こうぞ）という木が植わっていました。ぜひチェックしてみてください！

まずは和紙のお店「もとしろ」で手すき和紙体験
予約してたフカザワです〜
有名人のサインいっぱい↓
色紙サイズの和紙つくるよってな〜
まずは和紙に散らす色紙選んでな〜
わ〜!! いっぱいある!!
紅葉の形は絶対外せないし
あー花の形のもかわいいな〜!!
そ、そんなに!?
そして水槽の中の原料を型の金網にすくって
左右に振る…!!
ゆっさ
ゆっさ
これが地味に見えて原料がたぷんたぷんで
もっと力強く!!
スパルタ
重い〜!! 冷たい〜!!
その次は原料が入った型の上にさっき選んだ色紙を乗せていきます
せっかく選んだ色紙!!
すべて使いたい〜!!
とにかく全面に!!
うん、まあええけど…
それじゃせっかくの和紙の風合いが…
ボソッ
そういうのも考えなくちゃいけないようです…
別の原料をかけたら軽く乾燥
すごい吸引力!!
ブオオオ〜
じゃ最後にこの上の隅に息をフッって吹きかけて〜
コツ!!
息で吹いてめくるらしい

ふ〜っっ
ビクともしない↓
もっと力強く!!
ふ〜っ!!
後はしっかり乾かしたら完成やさかい〜
乾かす機械
帰りにでも寄ってや〜
ハ…ハイ…
完成楽しみだな〜♪
京都〜大原三千院
さ、いざ三千院へ〜
AM11:00
三千院では毎日誰でも飛び込みで写経ができます
円融房（写経場）
先客が!!
薄く印刷された16文字を筆ペンでなぞるだけ
七佛通戒偈
平成 年 月 日…
氏名
写経初体験の私にはちょうどいい感じ〜
写経って自分探しの旅っぽくていいかも♪
何かと日々迷いの多いアラフォーおひとりさまにはぴったり〜!!
うう…これはすごい緊張感!!
諸悪
ただなぞってるだけなのに精神統一になってる〜〜!!
おお!! 4分の3出来た〜!!
あとこれだけ♡
さっ残り4文字気持ちを集中して…
うねっ

京都裏話 三千院に向かう途中の川沿いは紅葉がとってもきれい。おみやげ屋さんも楽しいし、見どころ満載な大原、超オススメです。

ハハハ…
ラスト4文字が残念な感じに…
七佛通戒
諸悪莫作
諸善奉行
自浄其意
是諸佛教
ぐちゃ～
修行が足りないのがバレバレです…
さてさてここに置いとけば奉納してくれるんだっけ…
えーっと…
写経奉納
100円とか5円玉
写経奉納料 志納
んん!?
い、いくらが妥当!?
やっぱこういうのって10円とかじゃケチくさい気するし…
100円払っとこ!!
これでいいですか神様～!!
もはや自分探しというより人間性を試されているような気がしますね…
往生極楽院には国宝の阿弥陀《あみだ》三尊《さんぞん》像が…
ペカーーッ
ドキッ
入った瞬間ここ空気が違う!!
これが国宝オーラ!?
お寺ってどこも神秘的だけどここはなんだか理由とかなく感じるとこがありました
ちなみに両隣にいる菩薩様たちは正座ではなく大和坐りという座り方だそう
ちょっと前のめりぎみ
いただきまーす!!って感じのポーズにも見える
当時はまだ正座が正式になかったんですよー
へー
三千院のかた→

あ〜三千院の庭気持ちいいな〜
やっぱここ好き〜
ん？
パシャ
パシャ
三千院名物
わらべ地蔵
わ〜!! お地蔵様かわい〜
みんな何見てるの？
何か珍しいものでも…
これガイドブックで絶対載ってるやつだよね!!
この寝そべってる子なんてめちゃ愛らしい〜〜!!
し…しかしお地蔵様たち苔むしてて庭となじみすぎてる…
一体化!!
ここにいるよー
ちょっとした間違い探し気分です
さて無料のお茶休憩所で一服〜
しそ茶おいし〜!!
グリーンティーも飲んでみてね
プハー♪
隣で販売もしてるわよ〜
これ大事
お茶おいしかったのでおみやげに購入したのですが
あれ!?これってお茶屋さんの販売戦略にまんまとハマってる…!?
おつり300万円ね〜
なつかしい
ま、おいしかったからいっか〜〜♪
帰ったらこのお茶仕事中に飲も〜!!
小さなことは気にせずGO!!

京都裏話　実光院前で、拝観料がかかるからと入るのをためらってたおばちゃんたちがいたけど、絶対入ったほうがよかったと思う！　お庭も素敵だし、お茶菓子付きだし！

お昼は三千院のすぐ前にあるお店にて
鯖寿司おいし～
すっごい脂のってるー!!
こんなの♪
鯖寿司と生ゆばセット¥1000
生ゆばもいいわ～これどんぶり一杯食べてみたい～♪
ナオコ38歳ささやかな願い…
おなかもいっぱいになったし、さて実光院へ～
大原はほんとのどかだな～♪
え～っとここ実光院だよね?
キョロ
キョロ
しーーん
受付は…?
PM1:00
拝観の方はドラをたたいて下さい
じゃ～～ん
これ叩くの!?
そ、それでは…!!
ゴーーン
ハ～イ
ちょっと楽しい
実光院は拝観料(700円)にお抹茶と和菓子代が含まれているので
わ～♪
契心園
こんな風流なお茶が楽しめちゃいます

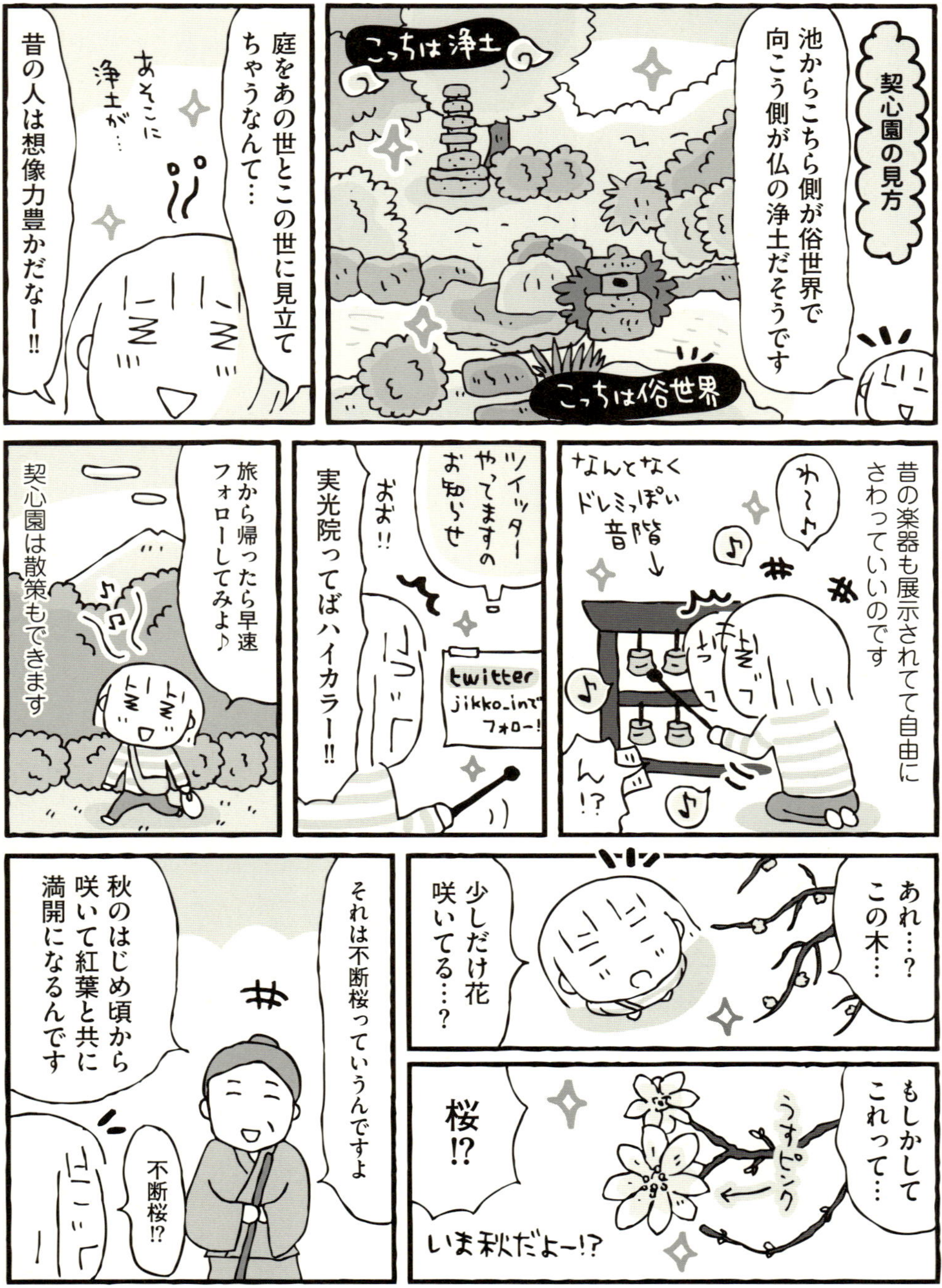
契心園の見方
池からこちら側が俗世界で
向こう側が仏の浄土だそうです
こっちは浄土
こっちは俗世界
庭をあの世とこの世に見立てちゃうなんて…
あそこに浄土が…
昔の人は想像力豊かだなー!!
昔の楽器も展示されてて自由にさわっていいのです
わ〜♪
なんとなくドレミっぽい音階↓
ん!?
ツイッターやってますのお知らせ
おお!!
実光院ってばハイカラー!!
twitter
jikko_inでフォロー!
旅から帰ったら早速フォローしてみよ♪
契心園は散策もできます
あれ…?
この木…
少しだけ花咲いてる…?
もしかしてこれって…
うすピンク
桜!?
いま秋だよー!?
それは不断桜っていうんですよ
秋のはじめ頃から咲いて紅葉と共に満開になるんです
不断桜!?

京都裏話　宝泉院にはなぜかいろり（火はついてない）のある部屋があって意味もなくつい座ってしまった〜。

冬の間もちらほら咲いて
春はまた満開になるんです
いまはもう秋も終わりかけだからこんな感じなの
ふ、冬にも!?
たくましくも美しい桜…
私もそんな女性になりたいな…
実光院のあとは勝林院へ
本堂にて
PM2:00
阿弥陀如来像
わ〜!!
阿弥陀様がけっこう近くてドキドキする〜
えっと…京都いろいろまわってます
たまには旅のお願いも…
最後まで楽しく旅できますように〜
ん?このスイッチ何だ?
ボタンを押してください
ポチ
荘厳な歌声が〜〜!?
!?
これは声明《しょうみょう》というものでお寺で行われる儀式などで僧侶によって唄われる仏教音楽なのだそう
いわゆるゴスペルかー!!

阿弥陀如来像を見ながら聴く声明…
↑3分流れる
意味わからなくても心に響くな〜〜♪
勝林院の本堂の軒下にほどこされてた彫刻もステキでした…☆
ココらへん
いまにも動きだしそうな躍動感!!
お次は宝泉院に行ってみました
ここも拝観料にお抹茶&お菓子込み〜♪
PM 3:00
竹林きれいだなぁ…
ぽわ〜ん
ここだけ時間が止まってるみたい〜
あの…そんなに近寄って見るもんじゃないですよ
きっと宝泉院のおえらいかた…
ええ!? そうなんですか!?
ここは額縁庭園といって客殿の柱と柱の空間を額縁に見立てて観賞するのが正しい見方なんです
知らなかった〜!!
これぐらい引いて見るのがベスト!!

京都裏話　宝泉院のご住職は血天井や庭の見方の説明だけでなく最近の日本語のおかしなところなども説明してくださいました。ご住職の日本語講座おもしろかったです！

ほんとだ〜!!
額縁みた〜い〜♪
ところで
血天井って
わかりました?
血天井
慶長五年、関ヶ原合戦前に
徳川の忠臣鳥居元忠率いる
数百名が豊臣の大軍と戦い
伏見城の中で自決したとき
血がついた床を
供養のために
天井にしたという…
みんなで説明を
聞く
それって供養になるの〜!?
この上がその血天井ね
ほらここが
目と鼻で
あそこが
甲冑で…
ん〜…わかるような
わからないような…
さっきあなたがお茶してた
とこ…何かうめき声とか
感じませんでしたか…?
あ、いや…
おいしくお抹茶
いただきましたが…
ほら天井ごらんなさい
指でかきむしった
跡があるでしょう
ゾ〜〜ッツ
いかに壮絶な
最期だったか
ってことですよ
それはうめき声が
聞こえてもおかしく
ないぐらい…
トリハダ
ギャー!! 私そんなとこで
のん気にお茶してたのー!?
あ〜♡
おいし〜♪
さっきまで…
思いがけず戦国時代の
一ページを体感する
ことができました…
あはは…
血天井のあとに
これいやされるわ…
水琴窟《すいきんくつ》
地中から響く音色を竹筒から
聴くもの
ピチョン
ピロロン
血天井のすぐ
近くにあります…

衝撃の宝泉院のあとはお箸屋さんへ
わー!!
ステキ♪
全部手作りなんですよ～
外から音聞こえてくるでしょ？
ブオオオー
いま息子がお箸作ってる音なの
私はお手伝いで店番なんだけどこきつかわれちゃって
あはっ
なんかかわいい…♪
お箸は2800円とお高めでしたが
自分へのごほうびにお買い上げ～
旅の思い出にこういうお買い物もいいですね…♪
他にも大原は散歩しながら買い物楽しめるお店たくさん!!
ゆずのピールおいし～!!
おまけするわよ～
お漬け物やさんも♪
ぬれおかきの食べ歩き♡
焼きたてめちゃおいしい!!
ついついお財布のヒモがゆるんじゃいました～～
あ～思いがけずお買い物たくさんしちゃった♪
ハッ
ここ朝やった紙すき体験のお店だ～!!
取りに行くのすっかり忘れてた↓
思い出せてよかったです…
出来上がった和紙はこんな感じ～
全面どーん!!
体験は500円!!
押し花みたいやな…
大原最後の目的地寂光院へはタクシーで移動
歩くと20分ぐらいかかるらし～
もうすぐ4時だしいそげ～!!

京都裏話　宝泉院の住職いわく、ドタキャンの「ドタ」の「どたんば」って処刑場のことなので「ドタキャンしちゃった～なんて、そんな軽く使うもんじゃない！」とのこと。

寂光院
PM 4:00
そういえばここ放火で全焼したのを再建したんだよな〜
ひどいことする人いるな〜
本堂の中ではちょうど説明中でした
よかったらどうぞ〜
失礼します〜
寂光院は平家物語ゆかりの寺院で
平清盛の娘、建礼門院《けんれいもんいん》徳子《とくこ》が余生をすごしました
天皇のお妃になって皇子を産み栄華を極めた建礼門院
でも源氏に追われて凋落の一途に…
息子である安徳天皇を徳子の母が抱いて入水し自分も後を追いますが彼女だけ源氏の兵に助けられてしまい…
し〜ん
平家一門や息子を弔うため出家しここ寂光院で余生を過ごしました
一時は頂点まで登りつめたのに29歳で出家するってどんな気持ちだったんだろ…
これが建礼門院徳子…
きっとすごく悲しくてみじめな思いいっぱいしたんだろうな…
私も日々生きてて嫌なことや悲しいことあって
はあぁ…
どうしたー!?
ズーン
落ち込んじゃうこともあるけど…
すべて失って出家した建礼門院に比べたらまだまだ人生の荒波への覚悟が足りないですね…
同じ女性としてもっと頑張れと教えられた気分です

本堂のご本尊様の手からたれている五色のヒモを握りながらお願い事をすると叶うということで…
ココにつながってる
ギュッ
え〜っと
え〜っと…
どんな毎日でもへこたれない強い心が持てますように…
お願いします!!
建礼門院の話を聞いたあとでは願い事も神妙になっちゃいます
宝物殿には建礼門院が出家したときに切った髪で作った掛け軸が展示されてますよ
よかったら見てくださいねー
髪の毛!?
うわ〜!!
文字が全部髪の毛
南無阿弥陀佛
こ、これか〜!!
宝物殿にて
建礼門院落髪名号《らくはつみょうごう》
な…なんだろう…彼女の覚悟がびしばし伝わってくる〜!!
ちょっとおどろおどろしい〜!!
ん?
寂光院が放火されたときの新聞記事
寂光院本堂が全焼
京都新聞
こちらの展示もかなり衝撃的…
……
ご本尊様が真っ黒に焼け焦げてる写真…
痛々しい…
大原山荘足湯カフェにて
大原…のどかなくせにけっこうショッキングなことたくさんだったわ…
ああ!!
足湯にいやされる〜
やっぱりビール♡
ほかほか〜
大原の旅これにてゴールです〜

京都裏話 足湯カフェにタイツとか履いていったらやっぱタイツ脱ぐのかなとか、余計なこと考えちゃった…。足湯カフェ行く際には、まくりやすいズボンがいちばん〜。

第七章 はじめての京文化体験

〜ニッポン女子なら知っておきたい！〜

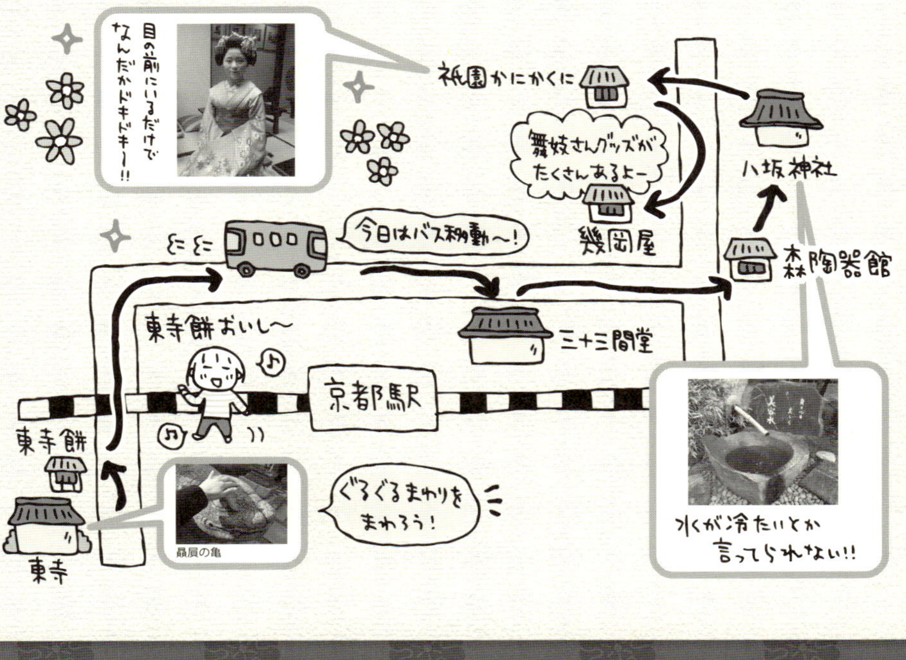
目の前にいるだけでなんだかドキドキ〜!!
祇園かにかくに
舞妓さんグッズがたくさんあるよー
幾岡屋
八坂神社
今日はバス移動〜!
森陶器館
三十三間堂
東寺餅おいし〜
京都駅
東寺餅
東寺
贔屓の亀
ぐるぐるまわりをまわろう!
水が冷たいとか言ってられない!!

ひとり旅を始めて京都の道や地名にも少し慣れてきた私
おっ!!
こここないだ行ったとこだ～♪
← テレビで京都特集やってるとつい見ちゃう
でも私がいままで見て知った京都はまだほんのさわり…
おこしやす～
舞妓さんきれいだな～…
そうだよな～京都って神社仏閣だけじゃなくて
文化の面でもステキな町なんだよね～
ってことで京文化体験の旅決行!!
東寺《とうじ》 ←
三十三間堂《さんじゅうさんげんどう》 ←
絵付け体験 ←
八坂神社《やさかじんじゃ》 ←
京舞観賞
神社もまわるよ!!
ビュ～ッ
京都駅から徒歩15分ほどで東寺に到着～
やっと東寺来たー
東寺
東寺
第1章の旅で時間なくて来れなかった
総高55メートル!!
現存する日本の古塔の中ではいちばん高い!!
五重塔がお出迎え～!!
お～
これはぜひ近くで見なくては!!
ん?
絶賛工事中…
いちばん下の部分
…
いやいや古い建物だからメンテナンスも大事なんだよ
うんうん…
工事の人の手が見えた

京都裏話　旅中訪れた神社はけっこう工事中のとこちょこちょこあった。タイミング悪かったなーと思うと同時に、なかなか普段は見られないものを見てるような気にもなれたり。

そういえば五重塔のココ
私ずーっとアンテナみたいだなぁって思ってたんですが…
下から見ると
輪っか…!!
やっぱり実際に見てみないとわからないことってありますね…
そうか〜そうだったのか〜!!
講堂
わ〜!!
バーン
ド迫力〜!!
立体曼荼羅《りったいまんだら》
弘法大師空海作
密教の教えを視覚で表現しているそうです
国宝と重要文化財のオンパレード!!!
この迫力…なんかありがたいショーを見ているような気分…
イエーーイ!!
盛り上がる民衆たち…
ぽわ〜ん
中にはイケメンと噂の帝釈天様も
ひとりだけ現代風顔つき!!
キリッ
仏像ってのっぺり顔のイメージだから新鮮〜!!
こんなイメージ…
これはかっこいいわ!!

毘沙門堂にはこんなものも
贔屓《ひいき》の亀
亀の形の石をなでて自分の体をなでると万病に効くらしい!!
ほっ
ハイ〜!! これで万病対策オッケ〜!!
オーバー30、健康にも貪欲です
ってことでー
ぐるぐる〜
東寺のあとはすぐ近くの和菓子屋さんへ
お店の名もズバリ 御菓子司 東寺餅
来たからには買わなきゃー
わ〜♡
東寺餅￥130
ほんとは1個でいいんだけど…
こういうのってひとつだけ買うのなんか気が引ける〜
お会計130円ってのもな〜
えっと!!東寺餅2個ください!!
キャー!!
おおきに
おいし〜!!
でしょでしょー
中はこしあんでした♡
結局、京都駅に戻る道すがら2個ペロリ☆
何このやわらかさー
京都駅からはバスに乗って三十三間堂へ
千手観音立像
ズラーーッ
はっ

京都裏話 東寺餅本当においしかった！　ペロリだった！　こしあん好きの人には特におすすめです☆

す…すごい…
これは日本の宝だわ!!
思わずシャキーン!!
この1000体の観音様はみんな顔がそれぞれ違っているらしく
今自分が会いたい人に似てる観音様が必ずいるんだってー
そもそも私の今会いたい人って誰!?
未来の旦那様とか!?
さすがにこれだけいるとどれがどれかわからないと思ったのですが
あ、あの顔好きな感じ…
こっちはタイプじゃないなー
意外と好きなタイプ見つけちゃうものですね
御朱印所もすごかった…
ズラ〜ッ
観音様の前で受け付けてるのー!?
御朱印はこちら
ってことは…御朱印書く係の方は毎日1000体の観音様を後ろに仕事してるってこと!?
御朱印帳
す、すごいお仕事だ〜!!
ぜひここでお仕事する気持ちを聞きたいけど…
御朱印お願いした↓
さすがにこの空気では聞けませんでした…
三十三間堂にはこんなものも
夜泣泉《よなきせん》←子供の夜泣きを直してくれるそう
ギャー
私が子供産むようなことあったらまた来よう〜♪
わ〜!!三十三間堂特製楊枝だってー
おみやげ屋さんにて
三角ようじ
仏教では口の中の毒気を除くことで心の中まできれいになるということから楊枝をすすめてたそうです
お父さんよく爪楊枝使ってるからこれ買ってこー

家に帰ってもあの千手観音立像を見返したくて
三十三間堂のガイドブックも買っちゃったー♪
そしてまたバスに乗り今度は清水寺方面へ
今日は京文化に触れる旅!!
清水寺のほんとすぐ近くの森陶器館にて〜
森陶器館
清水焼の絵付け体験に挑戦しま〜す!!
まずは絵付けする陶器を選んでくださいねー
お店の人↓
わ〜いっぱいある〜!!
選んでいただいた陶器に2色から5色で好きな絵や文字を描いていただけます
陶器の種類や色数で値段変わります〜
聞いちゃいない
マグカップもいいしお皿も捨てがたい!!
ん〜!!でもあんまり複雑な形だと描きにくそう!
決まったらこちらの工房へ〜
シンプルな湯のみに決定〜!!
絵付けの流れ
鉛筆で下書き
←筆で色つけたり線をなぞったり
ここで体験は終わり
←本焼きして1カ月後にお届け
線は焼くと消えるので気にせずに〜
しっかりめに塗るのがコツらしい
こんな感じですが質問などは?
大丈夫です!!
絵を描く仕事してる者としてはこれは気合が入る!!
がんばるぞー!!

京都裏話　絵付け体験中は描くことに集中しすぎて、まるで家で仕事してるみたいな気分に。京都にいること忘れそうだった！

一応頭の中でこんな感じって絵も考えてきたし～
大
こんなの一
サラサラ～っとね♪
そうサラサラ…っと…
ゴリゴリ
ああ…!! 陶器ってこうも面が粗いのかー
ごりごりしてて描きにくい～!!
めっちゃ鉛筆が引っかかる感じ!!
うぬぬー
ゴリゴリ
ゴリゴリー
ああ!! また失敗した～!!
う、う～ん…こんな感じかな!?
30分かかってやっと下書き終了
さて次は色塗りー!!
5色コースにしてみた↓
果たして私上手く塗れるかな!?
というのも普段仕事での色塗りは完全にパソコン派の私…
クリック～♪
絵筆なんて久々握ったー!!
ぶちょ～
言ってるそばからはみ出たしー!!
思い出した…私美術の時間は下書きまでいい感じなのに色塗りで失敗するタイプだったわ…
あー!!
ほろ苦い思い出…
絵筆を走らせること30分
わー!! はみ出た～っ 下書きの線なぞるのも難しい～!!
絵付け完成～
小学生の工作臭がプンプン…
出来はともかくよくやったわ、私…

出来たらレジにてお会計へ
2400円でーす
この体験を漫画にしていいか聞かなくちゃ～
あのー私、漫画描いてましてこの体験を描きたいんですが
まぁ!!漫画家さんなんですか!?
あとでゆっくり陶器見せていただきますね!!
や、やぶへびだったー!!
いや!! そんなもうひどい出来なんで
そ、それじゃまたご連絡します～
あ…
ササーッ
今頃店員さん、私の絵付け見てるかな…
あら!!
もっと絵の勉強します…
涙の昼食
昼食の後はバスに乗って八坂神社へ
西楼門
祇園の象徴
パシャ
パシャ
おー
きれーい
八坂神社内にある美御前社《うつくしごぜんしゃ》は美人と名高い宗像三女神《むなかたさんじょしん》が祀られていて美や芸術の神様なのです
舞妓さんもお参りに来るんだって～
おお、これが美容水!!
身も心も美しく 美容水
この湧き水を顔にペタペタすると見た目だけじゃなく内面から美しくなれるとか♪
コレやりたかったんだよね～
ん?
わー
この日は少し肌寒かった…
水冷たそー

京都裏話 かにかくにの場所をなぜか花見小路のほうだと勘違いしててひたすらさまよった！
知らない土地で迷うと嫌な汗かきます…。

見よ！女子高生たちよ…!!
アラフォーの執念を～!!
彼女たちもきっと20年後には私の気持ちがわかることでしょう…
うふふ～♪
これで美しくなれたかしら～
わ～い!!
あ、ほんとは2～3滴でいいそうです
さて京文化に触れる旅ラストはコレ～!!
舞妓さんの京舞観賞体験～!!
舞妓さんに会うには敷居も金額も高そうですがこのお店ではお抹茶とお菓子いただきながらの観賞で
祇園かにかくに
あきない中
なんと1500円!!
安い～!!
※要予約です
わ～!!
ペカー
お客さんは20人ぐらい
あそこで舞妓さんが踊るのか～!!
ほどなくしておかみさんのあいさつ
今日はみなさんようお越しくれはりましたな～
こちらはまだ1年目の
舞妓さんです

は…初めての生の舞妓さん…
まわりの空気からして私たちとちがーーう!!
後光がさしてる〜!!
えーっと…いま17歳やったかいな?
ええ
ザワ
!?
ザワ
じゅ…じゅうななって言ったら高2ぐらい!?
見えな〜い!!
ぼーーー
ナオコ17…ダサダサ…
私の17の頃なんてひどいもんだったよー!!
まずは舞妓さんがお茶のお作法を見せてくれます
きゅーん
ひとつひとつの所作がほんとーにキレ〜イ!!
一同感嘆!!
ほ〜〜〜!!
そして一人ずつ記念撮影
ぼー
ハイチーズ
おかみさん大忙し↓
あっありがとうございました
いや〜〜ん!!かわい〜〜〜!!
ニコッ

京都裏話 京舞観賞のお客さんは赤ちゃん連れの方やアジア方面からの観光客の方などがたくさん。
みんなで舞妓さんにうっとりー!

私にニコってしてくれた〜♪
ぽ〜〜
もう目が合うだけで完全に舞い上がっちゃいますね…
質問などあればご自由にどうぞ
さ、お客様のほうに移動して
なんと…
スッ…
まん前…!!
こ、こんなチャンスまずないよ!?
これは何か質問せねばー!!
パクパク
あ、あの…!!どうして舞妓になろうと思ったんですか!?
緊張しすぎてこんな普通のこと質問しちゃいました…
キャー♡
滋賀出身なんどすけど…中学のときに京都で舞妓を見てなろうって思ったんどす
でもなんのつてもなかったんで自分でいろいろ調べたんどす
修学旅行(?)で京都に来た滋賀のひとりの女子中学生が
舞妓になることを決意して…
今まさに舞妓になってお客の前にいる…
なんて感動的なストーリーなの〜!!
あ、でも中学出て舞妓になるってすごい勇気いりませんでしたか!?

お客さんのほうがすごいどす～
ひとりでいらしはったんですよね
いやいやいや
舞妓さんの決意に比べたら
ひとり旅の決意なんて雲泥の差です…
そのお化粧はどれくらいかかるんですか？
自分でやるんどすけど…1時間ぐらいどす～
ええ…!? 後ろも!?
後ろは合わせ鏡でやるんどす
へ～
私舞妓変身やったからわかるけど…それってすごいことだよ～？
質問タイムのあとはいよいよ京舞
うわあ…

京都裏話 もっと舞妓さんに聞いてみたかったことたくさんありました。でもきっと実際また目の前にしたらドキドキしてたいしたこと聞けない気がする…。

それはもう…この世のものとは思えないぐらいに美しくて…
なんか写真撮るのもためらっちゃう…!!
あっというまの京舞観賞でした
おおきにー
パチ
ゆー
パチ
ん～きれいだった～
ぽ～
舞妓さんの存在そのものが文化なんだよな～
生で舞妓さん見てよーくわかりましたが
私のなんちゃって舞妓がいまとなっては恥ずかしい…!!
ぐらぐらー
ああ!!
もうあんな無謀なこと しません…!!
もっと舞妓さんの世界知りたいな～
京都
ガイドブック
そういえば確かこの近くに舞妓さん御用達の和装雑貨店があったはず～!!
ってことで旅の最後は幾岡屋に来てみました
かんざし 京小物
ぎをん 幾岡屋
ここだ～
かにかくにから徒歩5分ぐらいのとこにあります
うわ～!! このかんざしかわいい!!
かんざしってこんなにたくさんあるんだー!!
ん～…私には縁のない物ばかりだけど見てるだけで心くすぐられるな～
ん?

ん!? この札みたいなの何だろう?
かわいい～♡
それは花名刺といって舞妓さんが宴席で配る名刺なんですよ
こんな風に名入れして…
なおこ
お店の人
へ～
四季折々の柄をあしらってて一枚一枚刷り職人が手で刷ってるんです
そ、それはすごい…!!
手作りに弱い
こういうこまごましたもの大好き～
どれにしよ～♪
折り紙やかわいい紙を集めてた子供の頃の感覚が蘇りますね
夢中になって選んだのはコレ～
10枚で合計764円♪
うふふ…かわいいなぁ花名刺
あの舞妓さんも宴席とかで使ってるのかな～
神社まわったりおいしいもの食べる旅も楽しいけど文化を感じる旅もまたいいなぁ♪
さ～帰るか～
まだまだ京都初心者の私ですがちょっとだけ京文化に触れることができた気分です♪

京都裏話 花名刺ほんとにかわいいです。
旅から帰ってきてからもたまに眺めてニヤニヤしてます。

第八章 宇治と源氏とおひとりさま

～源氏物語ワールドを満喫～

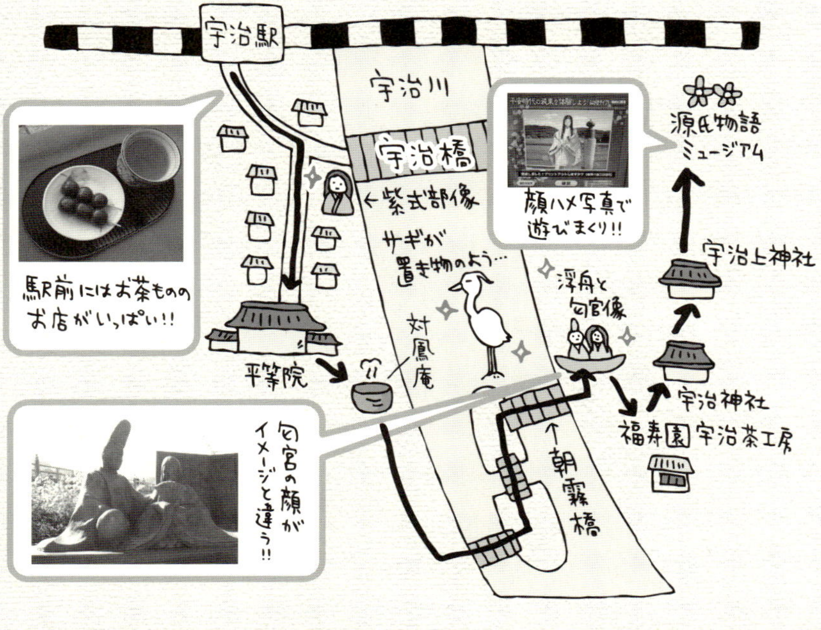
宇治駅
宇治川
宇治橋
←紫式部像
サギが置き物のよう…
対鳳庵
平等院
駅前にはお茶ものの
お店がいっぱい!!
匂宮の顔がイメージと違う!!
浮舟と匂宮像
↑朝霧橋
顔ハメ写真で遊びまくり!!
源氏物語ミュージアム
宇治上神社
宇治神社
福寿園宇治茶工房

それはなんでもないある日…
次の旅は宇治にしよーっと♪
お茶もの!! 平等院!!
京都
宇治といえば源氏物語の舞台としても有名
源氏物語っていったらやっぱりコレでしょ～
あさきゆめみし 著/大和和紀
源氏物語を漫画化したもので不朽の名作!!
子供の頃読んでたけど改めて大人になった今読み返してみよ～♪
ってことで全巻買い～
クリック!!
アマゾン
そう、それはほんと軽い気持ちだったのに…
届いて3日…
ああー
紫の上～!!
仕事真っ白…
仕事しなきゃなのに続きが気になる～!!
すっかりどハマリ…
光源氏め～!! 紫の上のこと好きならなんで他の人と恋するの～!?
キィィ～～!!
いつの時代も男って勝手～!!
そんな訳で宇治の旅スタート☆
旅スケジュール
平等院《びょうどういん》→福寿園《ふくじゅえん》宇治茶工房《うじちゃこうぼう》→宇治《うじ》神社→宇治上《うじがみ》神社→源氏物語ミュージアム
体験もの
世界遺産
新幹線の中でも読んで来たわ～
すっかり寝不足…
JR宇治駅
ほらっ宇治十帖編
平等院に行きがてらまーずーはー
茶
茶
宇治だけにお茶ものお店がいっぱい!!
紫式部像
宇治橋のすぐそばです
紫式部詣で～!!
キャ～♡
自転車置かれてた…

京都裏話　宇治に行くには京都駅からJR奈良線に乗るのだけど、行き先は京都の宇治なのに奈良線ってなんか変な感じ！

源氏物語は彼女によって
この世に生まれたのね…
じ〜ん…
名作を
ありがとう…
ぽかーん
紫式部像のあとは平等院へ
鳳凰堂《ほうおうどう》
バーン
お〜
時代が変わっても
語りつがれるって
ほんとすごいことだな…
しみじみ…
私も1秒でも
息の長い作品を世に
出したいものです…
鳳凰堂に来たら
やっぱりお約束の
コレやらないとね!!
十円玉のデザインに
鳳凰堂が使われている
ことはあまりにも有名
日本国
ってことで!!
わ〜っおんなじだ〜!!
すっげ〜!!
お〜
みんなやってて
楽しいです♪
ちなみに一万円札の紙幣には鳳凰堂の
屋根にいる鳳凰が使われています
十円から
一万円まで!!
鳳凰堂すごい!!
ピシッ!!
平等院に行ったら
鳳翔館《ほうしょうかん》も忘れず見学
雲中供養菩薩 26体（国宝）
本当に浮いてるみたいな
立体的な展示
かっこいい〜〜!
こういうの好き〜!!
平等院に伝わる
様々な宝物類をとっても
ステキに展示しています

ほんとに菩薩様が飛んでるみたい…
ふわり…
ぼ~
まさかのトランプ!?
平等院オリジナルトランプ¥900
パッケージもとってもありがたい感じ…
さっき見た雲中供養菩薩が…!!
AからKまでこんな感じ
ジョーカーはなんと…
鳳凰!!
おみやげ屋さんもチェックチェック~
ん?
普通にババ抜きとかしたら罰が当たりそうだ…
う~む
クリアファイル¥300
全面に雲中供養菩薩が~!!
もちろん菩薩柄も
のりつきふせん¥300
他にもついついお買い上げ♪
ほんとは鳳凰堂の内部拝観もしたかったけど…
時間切れ~
さよなら平等院~
宇治川沿いはのんびり歩くのにとってもいい雰囲気です
サラサラ~
わ~♪
この山と川の感じ心が落ち着くなぁ
ぼ~
宇治いいとこだわ~
そして宇治らしくこんなとこ発見
お茶席の看板
お茶席500円か休憩がてらいいかも~

京都裏話　70代ぐらいの女性が「鳳翔館」の「鳳」という字を見て「小学校で習ったから読めるけど書くのは自信ないわ〜。あ、小学校っていっても尋常小学校ね」と話してた。なんかかわいい。

って入ってみたら めちゃくちゃ本格的～!!
対鳳庵《たいほうあん》
なんか立派な掛け軸→
心洗
なんと市営の茶室!!
そわそわ
そわそわ
本格的な道具↓
そわそわ
たまたまご一緒だったご夫婦↗
新潟からいらしたらしい
お茶の作法とか知らないけど… 大丈夫かな!?
あの～写真撮ってもらってもいいかしら?
あ、ハイ!!
ハイ、チーズ!!
よかったら撮りましょうか?
茶室の雰囲気に押されつつもしっかり記念撮影大会しました
わ～!! いいんですか～
いよいよお茶会スタート!!
今点てますからお菓子どうぞ
ちょうどおなか鳴りそうだったからありがたい～♪
こんなのでした♪
お～いし～♡
そしてお抹茶も…
し～あ～わ～せ～
は～♡
うん!!
朝イチからの抹茶 目も覚めていい～
心洗
この掛け軸は○×の作品ですか?
ご存知ですか?
△△神社にも飾ってあって…
ああ そうですよね～ 確か あそこも…
な、なんか話が高尚になってる…?
うう…話にぜんぜんついていけない!!
生けてる椿の花は－
そうね
わかってるフリ→
こういうとき不勉強さがバレちゃいますね…

すっかり足しびれちゃった〜
えーっと朝霧橋ってことは…
じ〜ん
あった〜!!
匂宮と浮舟の像〜!!
あさきゆめみしにも出てきた小舟で2人が愛を語り合う名シーン♡
ってか何これ!?
匂宮ってこんな顔だっけ!?
のっぺり〜
しもぶくれ〜
こ…こんなの匂宮じゃない!!
匂宮はプレイボーイでブイブイ言わせてたんだよ!?
フッ…
そんなこと言われても〜
完全にあさきゆめみしの見すぎです
ささて次は宇治の旅っぽく石臼で抹茶作り体験です
福寿園宇治茶工房
石臼で抹茶作り体験は予約不要で¥1050
いま出来ますかー
ハイ大丈夫ですよー
こちらでどうぞ〜
わー家庭科の教室みた〜い!!
え〜っと…
し〜ん
ニコニコ
もしかしてマンツーマンですか!?
たまたまいま他にお客様いないので…
いつもは修学旅行の学生さんが多いんですけどー
ひゃー!!
思いがけずちょっと贅沢な体験スタートです☆

京都裏話　石臼で抹茶をひいてるとき、くるくるまわしながら石臼ずっと見てたらお店の方が「あ！見すぎると目がまわりますよ！」と。はい、もう既に目がまわってました…。

石臼での抹茶作り
ひいてまわす
抹茶の原料である碾茶
ひかれたのはココに
ひいたものはその場で自分でお茶点てて飲みます♪
こんな感じです
う～ん!!いたってシンプル
今この石臼にのってる碾茶は2杯分ぐらいなんですけど
ぐーるぐる
こういう感じで3秒で1回まわすスピードでひいていってください
ふむふむ3秒で1回転なのね…
じゃ早速…い～ち…
んん!?
!!
めちゃくちゃ重いです、コレ～!!
ぐぐぐ!!
ギイイイイ
そうなんですよー石臼って御影石で出来てるんで…
見てる分には軽々だったのに…
店員さんすごいですね!!
昔は抹茶飲むたびにこうやって飲む分だけひいてたんだよな～…
昔の人は大変だ～
ギイイイ～
そしてひいてもひいてもできるお抹茶は少し…
さ…先は長い～!!
耳かき2杯分ぐらい…
ようやく15分ほどまわしたかな…？
あの～
これでどれくらいひけた感じです？
半分くらいかな？
ん～…
ガーン
まだ半分～!?
もう腕←プルプル

ああ…私これからはもうお抹茶ゴクゴク飲みません…
もっとひと口ひと口大切に飲みます…
トータル30分かかってようやく2杯分のお抹茶ひき終わりました…
ゼーハー
わ～
出来ましたねー♪
早い人は20分くらいで終わるんですけど中には1時間かけてひく人もいますよ
1時間!?
なんて強靭な肉体と精神力の持ち主…
そしてひいたお抹茶はハケでまとめてこし器にかけて缶の中へ
ほんのちょっぴり～
30分ひいてこんなもん!!
私明日絶対筋肉痛です～
あとはお茶点てるだけですよー
もっと手首を上下にスナップさせてください～
こ、こうですか～!?
シャカ
シャカ
お茶の点て方は教えてもらえるので初心者でも大丈夫♪
いよいよお抹茶タイム～!!
ひきたてなんでまずはお抹茶からいただいてくださいね～
ほうじ茶のようかん
ゴクリ…
んん!?
おいし～!!
すっごいクリーミーです～!!
プハー♡
そうなんですよーひきたては泡までクリーミーなんですよ～
ほんとカプチーノばりのクリーミーさだわ
うんうん!!
それに自分がひいたお抹茶ってのがこれまた格別～!!

京都裏話　源氏物語ミュージアムに向かうとき「さわらびの道」という散歩道を歩いたのだけど、自然たっぷりの静かな道で、ただ歩いてるだけなのにはんなり侘寂《わびさび》気分に。

ほうじ茶のようかんもおいしいです〜♪
ぱく
しかしさっきのお茶室に続き本日2杯目…
けっこうおなかたぷたぷ…
そういえば…
残りの1杯分のお抹茶どうされます？
持ち帰ることはできないのでもう1杯飲むか
置いていかれますか…
お、置いていく⁉
そんな…‼ 筋肉痛覚悟でひいたお抹茶を置いていくなんて…
絶対ムリ〜〜‼
ってことで
まだ午前中なのに本日3杯目〜‼
大丈夫ですか〜？
ゲフー
なかなか思い出深い抹茶作り体験となりました
抹茶腹になってもお昼は別腹‼
昼ごはんは福寿園内の茶寮にて…
いただきまーす‼
そしてまたカテキーン‼
茶そば…
さてお次は宇治神社行くか〜
ん⁉
置き物⁉
じっ…
……
京都では川とサギはセットですね
宇治神社
ウサギの手水舎かわいい〜♪
でも口から水が出てるのね…
シャ〜
ちょっとシュール…
うさぎのおみくじも
ラブリー♪
おしりに入ってる…
なかなかかわいい♪
吉か〜
まあまあだな♪
ん？
わー
アハハ
何くぐってるんだろ？

学問の祖神
智恵の輪か〜
智恵の輪
宇治神社
これくぐったら私も頭よくなるかな〜
漫画描くときこれ以上漢字間違えませんように〜
本作るたび漢字の間違いが発覚する私には切実なお願い…
ずーっと「寒」を「寒」と思ってた…
そしていよいよ宇治上神社へ!!
人がいっぱいなのに厳かな空気!!
さすが世界遺産〜!!
宇治の名水って思ってたよりぬるいのね!!
桐原水
宇治7名水のひとつ いまでも水が湧いてるのはココだけだとか…
あれ?ここにもうさぎのおみくじ売ってる
形はまた別だけどー
うさぎ年だからかなー?
この旅したのは2011年
宇治って昔は菟道(うさぎのみち)って書いてたからうさぎものに縁があるのか!!
知らなかった〜!!
そばにあった宇治上神社のチラシ
天降石
この大きな石の上に小石をのせて落ちなかったら願いが叶う
何がなんでもやらねば!!
めっちゃ石のってる
うん!!この石に決めたー
丸すぎず大きすぎず…これなら落ちなさそう!!

京都裏話　御朱印を集めるようになって御朱印を書く仕事をする方に興味津々。どういう経緯でその仕事に就くことになったかとか、習字をずっと勉強してたのかとか気になる!

しかしこの天降石けっこう大きくて…
上のほうとかどうやってのせたの!?
こ、ここが限界〜!!
プルプル
ど…どうかおふたりさまになれますように〜
コト…
プル
できれば近日中に〜!!
プル
……!?
し〜ん
落ちなかったー!!ってことは私の願いは叶うのね〜!!
よっしゃ〜
こういうのってなんかうれしいですね♪
宇治上神社のあとは源氏物語ミュージアムへ
宇治市源氏物語ミュージアム
あさきゆめみし好きなら行っとかなきゃでしょー!!
入場料は500円
平安の間
うわ〜!! まさしくあさきゆめみしの世界だ〜♪
牛車→
ああ…これに乗ってあさきゆめみしごっこしたい…!!
お花見に行くのよ♪
もちろんできません…
平安貴族が親しんでいた香りを体験するコーナーでは
宇治の間
くんくん
くんくん
くんくん
くんくん
老若男女みんなにおいをかいでて不思議な光景…
私は貝香がなんかダメ〜!!
すごいなまぐさい…↓
↑まき貝のフタ部分らしいです

館内では20分ほどの映画も上映しています
ナレーションが緒方直人!!なにげに豪華〜!!
あ〜展示もおもしろかった〜
そうだ!!おみやげ買ってこ〜
お土産ゾーンは入場無料です
ん?
平安時代の…
装束を体験しよう…?
平安時代の装束を体験しよう!
画面にふれるとスタートします。
人数は1〜3人まで
まず背景を選ぶ
↑平安貴族な着物写真
目の前のカメラで顔を撮影
パシャ
顔はめ写真のでき上がり〜
1回¥100 シールとポストカードがあります
これであなたも源氏物語の世界へ!!
わ〜!!やってみよ♪
あー!! 顔がズレた…!!
上すぎ
カメラの位置つかむのなかなか難しいな〜
こうか!?
あ〜でこが出すぎた〜
撮り直しは何度でもできます
じゃもう少し顔上で!!
パシャ
おーっっ!!
出来た出来た!!
ニョロ〜ン
ってか何この顔はめ感〜!!
これすっごいおもしろ〜い!!
ププッ
気づいたら他のパソコンでも…
みんな超もり上がり!!
もうおかしい〜!!
ギャハハ!!
アハハ
お父さん何この顔〜

京都裏話 京都に行って一度もお抹茶もの食べないと抹茶禁断症状に襲われる。あるとき、全然食べてないと気づいて、慌てて帰りの京都駅でほうじ茶と抹茶のアイス食べました。

うんうん
これ地味に楽しいよね～!!
ほかの背景もやろ～!!
もうすっかり夢中…
ポストカードタイプは全部やったぞ～♪
こうなったらシールも作りたい…!!
シールはあそこのパソコンかな
あ、ちょうど終わったみたい!!
あ～おもしろかった～
もうお父さんの顔ってば～
次いいですか?
ハイ!!
どうぞどうぞ
カメラここだからね!!
上のほうだから目線気をつけてや!!
あ、ハイ!!
3秒後ぐらいにパシャってなるから!!
ありがとうございます～
もうお父さ～ん
家族旅行かな～
楽しそ～♪
あのお父さん…見知らぬ私に話しかけちゃうくらいこれ楽しかったんだろうな～
なんだかとってもかわいいお父さんでした♪
で、結局
シールとポストカード全種類やった…!!
どうする訳でもないけどいい思い出になりますね☆
合計800円～♪
思いがけず源氏物語ミュージアムで遊びたおしちゃったな～
茶だんご
すっかり夕方～
道すがらだんご屋さんで休憩♪

そして宇治らしくおみやげはこんな感じ
通圓の抹茶プリン
伊藤久右衛門のほうじ茶ゼリー
ほうじ茶ゼリー
福寿園宇治茶工房のお茶
宇治の朝
伊藤久右衛門のお茶のあぶらとり紙
見事に茶尽くし
もう旅も終わりか〜
暗くなる前に最後に宇治川ちゃんと見ておこう
茶
ゴオオーーッ
昼間は気づかなかったけど…
けっこう流れ速いんだなぁ…
ゴオオ〜
こんな激しい流れに浮舟は身を投げたのか…
薫と匂宮との間で心ゆれた末 浮舟は宇治川に身を投げたのです…
ザザー
そして助かっても結局出家の道を選んだんだよね…
ザザー
う…浮舟…
じ〜ん
ビチョ
うわ〜!! 靴ぬれた〜!!
フィクションの世界に感情移入しすぎました…
つま先ぐっしょり〜!!
茶
ザザーン
宇治の旅ラストは駅近くでひとり居酒屋
何気にこの宇治が京都ひとり旅のゴールなんだよね〜
おつかれ私!!
ありがとう京都!!
ほろよいセット
←1380円
京都で出会った人、行った場所、思い出すべてに乾杯です☆

京都裏話 京都駅に着いて階段をおりるとすぐさまお店の前に舞妓人形がどどーん！　はじめは珍しくて写真撮ったけど、そのうちなんとも思わなくなった…。慣れってこわい！

京都おもしろ事件簿

混んでるバスには注意

混んでたからか、けっこう長時間乗ってたからか、金閣寺に向かうバスで子供のとき以来のバス酔いに…。
降車後
○×くんが吐いた―
うう…
先生―!!
う〜っぷ…
同じバスに乗ってた小学生の男の子に共感…。

大原の帰り道でまさかの遭難!?

足湯カフェ寄ってバス停に向かう途中まさかの迷子に。
ここどこ!?
もう暗くて1メートル先見えない
ひ〜!!
スマホで現在位置を〜
田んぼに囲まれて途方に暮れる…
あぜ道
スマートフォンに機種変更してほんとよかった…。
旅前に変えた

京都タワーの望遠鏡をのぞいたら…

え!?
はぁ〜
ホテルでくつろぐ人の姿まで見えてびっくり…
無料
見えすぎじゃないの、コレ!?

京都の気候をなめたらダメ!!

レンタサイクルでまわった日はめちゃ寒い日だったみたいで…
びゅ〜
こ…凍える…!!
しかも手袋忘れた
なんでこんな日に限ってレンタサイクル…!?

旅の間中いっぱい神社でお参りしたご利益かな!?

とにもかくにも大きなハプニングなく旅できてよかったです〜〜

はんなり!? うまいものめぐり
開店時間にGo!!
茶寮都路里《さりょうつじり》で特選都路里パフェ
1231円
めっちゃ濃厚な抹茶の生クリーム!! こってりしてて甘党にはたまらな〜い♪
値段だけあって白玉、抹茶ゼリー、栗の甘露煮などこれでもかってほどのボリューム!!
どど〜ん
ガイドブックでもよく紹介されている茶寮都路里の祇園本店にて〜
#男の子2人組#
おひとりさま男子
男性客もいた!!
やっぱりみんな甘いもの好きなんだな〜♪
行列間違いなしの人気店なので
開店時間に行ってきました♪
朝から抹茶パフェ〜♪なんてゼータクな!!
特選都路里パフェ
551円
都路里オリジナルマスコット付きボールペン
レジ前で売ってる
こんなかわいいパフェのマスコットが!! 白玉パフェバージョンもありました
2種類も作っちゃうお店の本気度がステキ☆

喫茶ソワレでゼリーポンチ

650円

ソーダの中にカラフルなゼリーが入ってます
レトロな雰囲気がかわいいお店です♪
赤、紫、黄、緑、青のゼリーが目にも楽しい!!
乙女な気分…♪
スッキリしてておいし～～♪
店内はブルーの照明でとっても幻想的…
青い世界
カラーでお見せできず残念…
BGMが一切なくとっても静かな店内はなんだか崇高なムードです
お店の方もとってもおごそか!!
……
ゼリーポンチひとつ～

ぎおん徳屋で餅焼きぜんざい

1000円

なんと!!自分で餅を焼くのです!!
各テーブルに1台置かれてる
自分で餅を焼くということで全神経を餅に集中!!
わ～!!ふくらんできたー♪
でもこっちはびくともしなーい!!
餅の焼き具合に一喜一憂!!
自分で焼いた餅は格別!!
甘すぎず上品なぜんざいでした♪

花見小路

祇園の名物

ぎおん徳屋がある花見小路は京都の顔とも言える町家がズラ～ッと並ぶ通りです

なんでもサスペンスドラマの舞台でも有名らしく…
今にも船越英一郎が出てきそう!!
犯人さがしてるイメージ…
花見小路を歩いているときタクシーに乗ってる舞妓さんに遭遇
こんなうれしい偶然も花見小路ならではかも♪

錦《にしき》市《いち》場《ば》でお買い物

京の台所ともいわれていてアーケードの中はせまい通路に鮮魚店、青果店、精肉店、飲食店がズラ～ッ!!

約130店舗
あるらしい
たこやき6個
180円
安
ハフハフ
小腹がすいたのでちょっとおやつ～♪
錦市場で買ったおかずで宿にてひとり晩酌～♪
京のおそうざいセット
卵
たけのこ
酢の物
がんも
こんにゃく
レシートなくしちゃって値段不明!! 多分500円しなかったような…
しそ穴子おむすび 190円
ちりめんさんしょおむすび 190円
ゴロ～ン
宿で食べるとまったりできていいわ～
食べ歩きも楽しい～
まぐろのカルパッチョ
チョコのコロッケ
たこ!!
どれにしようか迷うほどある!!
実は旅の1食としても使えるうまいもん市場

先《ぽん》斗《と》町《ちょう》でひとり飲み

いわゆる飲み屋街で有名なストリート観光客だけじゃなく地元の人も来るとか

懐石料理、居酒屋はもちろん、おしゃれバーまで!!
酒
鮨くいじーぬ
しゃり
おしゃれ居酒屋風のお寿司屋さんでした
シャリ少なめでおひとりさま女子向き♡
上にぎり
1980円
ビール片手にお寿司なんて大人みたーい!!
もう充分大人ですが…
新幹線の時間がなければもう1軒ぐらい行きたかった…
いかにも職人って感じの方が握ってました♪
キリッ
ちなみに私が店を決めたポイントは
ただいまタイムセールでビール半額でーす
2Fにどうぞ
おお!!
この一言です!!

食べ歩きいろいろ
大原ののどかな風景を眺めながらぬれおかき♪
おいしー♪
ほかほか〜
もちもちで香ばしくて最高♪
おかき屋さんの店頭で焼いてた
おみやげに買ったおかきも美味…!!
磯辺餅
トロッコ待ちに
嵯峨野コロッケ
嵐山で食べたもの
ゆばソフト
宇治で食べた茶だんご
もっちもち〜!!
ほうじ茶のアイス
これも宇治にて〜
食べに食べたいろんなもの
京都でおいしいもの食べて帰ったあとは体重が大変なことに…
あはは…
これも旅の醍醐味のひとつですね…
茶だんご
金閣寺でもだんご食べた!!
ノーマルなだんごの上にたっぷりあんこ
白玉
あんこ
JR京都駅の構内にて
ほうじ茶と抹茶のダブルソフト♡
買い食いではないけどよく休憩と称してなんてことない喫茶店にも入りました♪
プハ〜ッ
見知らぬ土地で飲むコーヒーもなかなか…♪
せっかく京都に来たのになぜかこんなモノも…
ホットドッグ〜!!
道すがら食べました…
ど〜してもこういうの食べたくなって…

あとがき

はじめてのひとり旅でぐるぐる京都をまわってから数カ月。
「あぁ、京都行きたいなぁ〜！」
仕事中に何度そうつぶやいたかわかりません。
それぐらい楽しかった京都ひとり旅。
気づいたらふとしたときに京都が恋しくなってる自分がいます。
はじめてのひとり旅ってこともあって道中さみしくなって
楽しめなかったらどうしようって不安もあったのですが、
これがもう行ってみたらすっごい楽しくておもしろくて。
自分で行き先決めてスケジュール組んで、
神社の神聖なオーラに背筋がのびて、
素敵な風景に見とれたりおいしいもの食べて幸せ感じて、
家族や友人へのおみやげ見たりして、帰りの新幹線では
ただただ爆睡。
そんな一連の旅がなんとも心地よかった！
もちろん道に迷って地図片手に右往左往もしたけど
旅から帰るとそれすらなんだかいい思い出に
なってるこの不思議！
これこそ旅マジック。
ひとりだとさみしい人って思われないかな？
って気持ちも少しあったのですが、ひとりで旅したからこそわかったんです。
自分が思うほど誰も人のことなんて気にしてない！

ってことで…

勝手に選んだ
御朱印ベスト3

宝泉院

血天井にビビってる間に書いてもらったので思い出深い…

下鴨神社

葉っぱのスタンプがかわいい!!

龍安寺

石庭の文字がダイナミック!!

この京都旅で御朱印帳も2冊目になりました

ひとりで川下り参加しても、いろんな体験しても、全然平気だったし楽しかった！
もちろんごはんだって！
人からどう見られてるかつい気にしちゃう小心者の私にはこれはもう目から鱗でした。
それに見たいものを気ままにじっくり見て勝手に自分の世界に浸ったりしちゃって
ひとり旅すっかり満喫した感じです。
ひとりだからこそちょっとした人とのふれあいにしみじみできたってのも大事な発見。
レンタサイクルでぐるぐるまわってたときに自転車置き場を探してたら
「ここに置き！」と誘導してくれた地元の方らしきおばさん。
御朱印書いてもらうときに、どこから来たか聞かれて愛知と答えたら
「私愛知の○○市に学生時代まで住んでたんですよ！」
とうれしそうに話してくれたご住職。
漫画にも描きましたが安井金比羅宮で正しい縁切り縁結びのやり方を
教えてくれた見知らぬお姉さんや、源氏物語ミュージアムで
話しかけてくれた家族旅行中のおじさんなどなど…。
京都で出会った皆様本当にありがとうございました！
ここまで自由に漫画に描かせてくださった神社やお店の方々にも心から感謝です。
そしていつもナイスアドバイスはもちろんのこと細やかな気遣いも
してくださる編集F子さん、本当に本当にありがとうございます！
そういえば今回京都でおひとりさま脱出という名の縁結び祈願を
数えきれないほどしましたが、私のおひとりさま運は予想以上に強力のようで
今のところまだ効果は見えません。
ご利益いますぐカモン〜！

2012年春　フカザワナオコ

これで私も極楽浄土に行ける!?

おひとりさまの京都《きょうと》ひとり旅《たび》
～女《おんな》ひとりだからこそ面白《おもしろ》い～

平成24年5月10日　第1刷発行

著　者　フカザワナオコ
発行者　荻野善之
発行所　株式会社主婦の友社
〒101-8911
東京都千代田区神田駿河台2-9
電話　03-5280-7537（編集）
03-5280-7551（販売）
印刷所　図書印刷株式会社

STAFF
デザイン　スタイルグラフィックス
編集　山田良子（主婦の友社）

■乱丁本、落丁本はおとりかえします。お買い求めの書店か、
主婦の友社資材刊行課（電話03-5280-7590）にご連絡ください。
■内容に関するお問い合わせは、主婦の友社出版部（電話03-5280-7537）まで。
■主婦の友社が発行する書籍・ムックのご注文、雑誌の定期購読のお申し込みは、
お近くの書店か主婦の友社コールセンター（電話049-259-1236）まで。
※お問い合わせ受付時間　月～金（祝日を除く）　9：30～17：30

主婦の友社ホームページ　http://www.shufunotomo.co.jp/

　ISBN978-4-07-282027-8